Success15

サクセス15
June 2014
6

http://success.waseda-ac.net/

CONTENTS

07 対策はいまから!
難関国立・私立校の入試問題分析2014

13 スリープマスターに聞く
快眠のススメ

18 SCHOOL EXPRESS
喜びと感動の学園生活で
知力と人間力を磨く
豊島岡女子学園高等学校

22 School Navi 183
青稜高等学校

23 School Navi 184
修徳高等学校

24 Focus on 公立高校
リーダーとして活躍できる人材を育てる
教育を実践する伝統ある男子校
埼玉県立春日部高等学校

REGULAR LESSONS

6 早稲田アカデミー主催
2014 高校入試報告会
16 東大手帖~東大生の楽しい毎日~
28 和田式教育的指導
30 世界の先端技術
正尾佐の高校受験指南書
宇津城センセの受験よもやま話
東大入試突破への現国の習慣
楽しみmath数学! DX
英語で話そう!
ミステリーハンターQの歴男・歴女養成講座
42 みんなの数学広場
46 先輩に聞け! 大学ナビゲーター
48 あれも日本語 これも日本語
49 サクニュー!!
50 あたまをよくする健康
51 Success Cinema
52 サクセス書評
53 高校受験 ここが知りたいQ&A
54 なんとなく得した気分になる話
56 サクセスランキング
58 15歳の考現学
60 私立INSIDE
62 公立CLOSE UP
66 高校入試の基礎知識
68 中学生のための学習パズル
70 私立高校の入試問題に挑戦!
72 サクセス広場
73 サクセス イベントスケジュール
78 Success15 Back Number
79 さくいん
80 編集後記

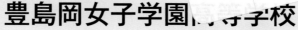

お気軽にお問い合わせください。詳しい資料をすぐにお送りします。

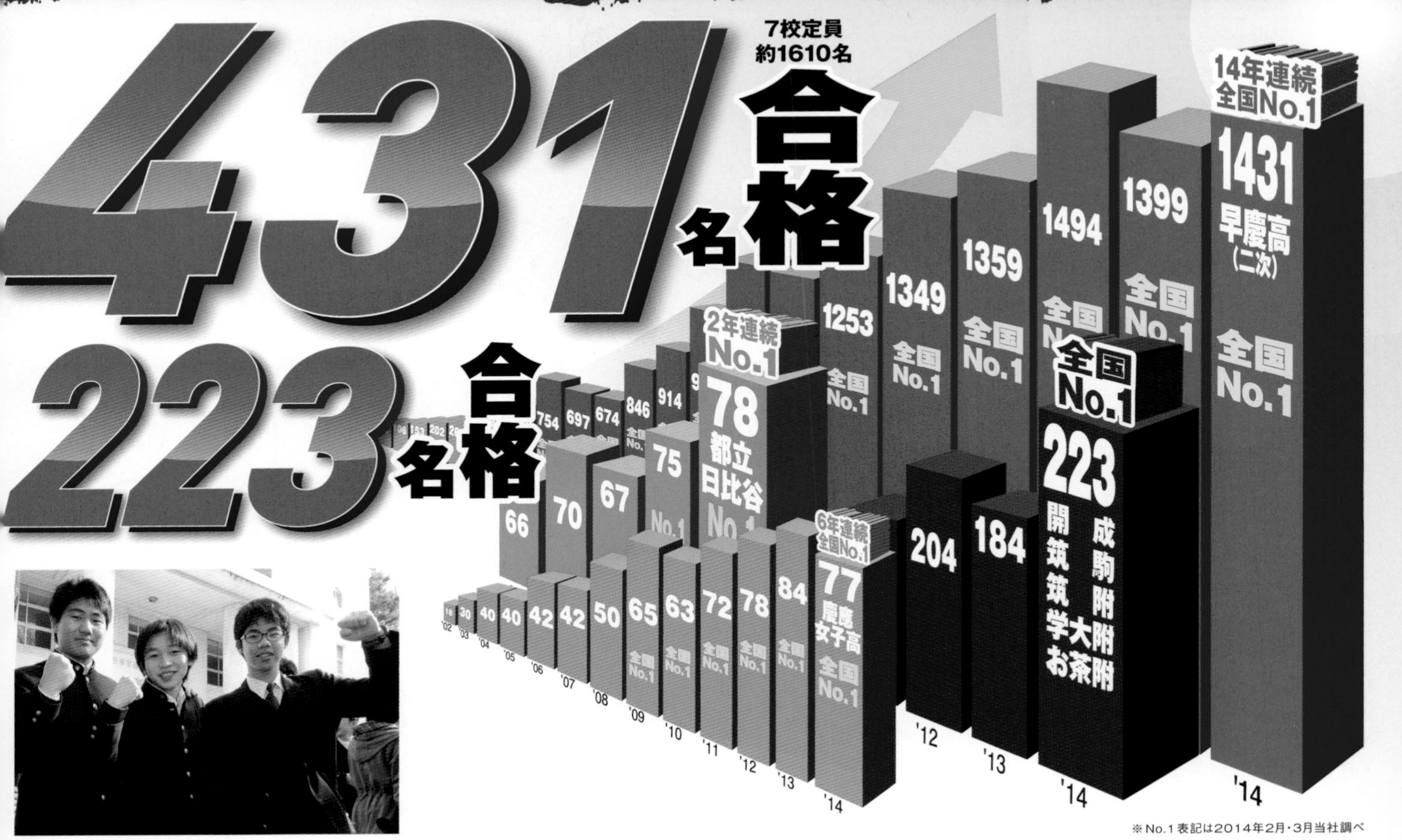

※No.1表記は2014年2月・3月当社調べ

難関校入試の基礎力養成

中3対象

必勝Vコース

新入生受付中　**無料 資格審査試験 随時受付中！**

難関校合格のための第一段階を突破せよ！

難関校入試に出題される最高レベルの問題に対応していくためには、まずその土台作りが必要です。必勝Ｖコースでは、重要単元を毎回取り上げ、基本的確認事項の徹底チェックからその錬成に至るまで丹念に指導を行い、柔軟な思考力を養うことを目的としています。開成・国立附属・早慶附属に多数の合格者を送り出す９月開講「必勝コース」のエキスパート講師達が最高の授業を展開していきます。

関高校に合格させる…
に変え､「現実」にする力があります！

法はありませんでした。中学受験や高校受験で本当に普通の学力の子供たちでも難関校に合格できるということを結果で証明したい、一部のできる生徒だけを伸ばすより、普通の学力の生徒を伸ばして合格させることに価値があると、私たちは全力で教務システムのレベルアップに取り組んできました。そして 20 数年間ひたすら合格実績を伸ばし続けてきたのです。事実、早稲田アカデミーにご入塾頂く生徒は、ごく一部首都圏外から毎週新幹線で通う生徒もいますが、そのほとんどは近所の普通の学力の子供たちで、例えば偏差値 70 以上が必要とされる開成・国立附属・早慶附属高校に進学した生徒の中１当時の偏差値は、５割近くが 40 台から 50 台なのです。早稲田アカデミーがこの 20 数年間で培ってきた、生徒を本気にさせ学力を飛躍的に伸ばすノウハウは、どの進学塾にも負けることはないと胸を張れる完成度となりました。それは今年の結果でも証明できたと考えています。

受験勉強を通して子供たちは大きく成長します。

受験勉強を否定的に捉える人もいますが、私たちは極めて肯定的に捉えています。なぜならやり方・取り組み方によっては「何事にも本気で取り組む姿勢」「苦しさつらさをはねのける強さ」「一生なくならない高い学力・思考力」を身につけさせることができるからです。そして夢にまで見た憧れの学校に合格した感動や自信は一生消えない生徒自身の宝になり、支える家族にとって何物にもかえがたい宝物になるからです。

開成高校や早慶附属高校に進学していない生徒さんも、成績を飛躍的に伸ばし他の難関校に進学される方がほとんどであり、早稲田アカデミーで頑張ってよかったと、毎年大変多くの感謝の声を頂いております。

現在早稲田アカデミーに通われている皆様、そしてこれから早稲田アカデミーに入塾される皆様の信頼と期待にお応えするために、私たちはこれからも、全力で最高の進学塾創りに取り組み続けて参ります。

酒井　和寿
早稲田アカデミー
教務部 次長
高校入試部門 統括責任者

お問い合わせ、お申し込みは早稲田アカデミー各校舎または本部教務部 03（5954）1731 までお願いいたします。

小1～中3 夏期講習会 5/26受付開始

早稲田アカデミーの夏期講習会は、いずれの学年も学力別クラス編成で、きめ細かい指導を展開。平常授業の数か月分に匹敵する学習時間で、既習事項の総まとめと2学期の先取り学習を行います。

本気★感動★夢★可能性 夏期合宿 2014 Summer School

11,000名が参加する日本一の夏期合宿

小4 小5 小6 中1 中2 中3

詳しくはホームページで!!

早稲アカを体感してください

早稲田アカデミーの夏期講習会では、毎年多くの新入塾生の方々が参加し、「もっと早く入塾すれば良かった」「勉強っておもしろい！」という声を頂いております。楽しい授業と信頼できる先生たちが君を待っています。「今、他の塾に通っているんだけど…」「塾は初めてで不安だな…」という方も、まずはお問い合わせください。早稲田アカデミーの夏期講習会で、きっと満足のいく授業に出会えるはずです。もちろん夏期講習会だけ参加の方も大歓迎です。この夏、早稲田アカデミーの夏期講習会で大きな一歩を踏み出しましょう!

夏を制する者は受験を征す

夏は受験生にとっては天王山、また受験生でなくても、長い夏休みの過ごし方ひとつで大きく差がついてしまいます。この休みを有意義に過ごすために、早稲田アカデミーでは家庭学習計画表などを活用し、計画的な学習を進めていきます。夏期講習会の目的は1学期の学習内容を確実に定着させ、先取り学習で2学期以降に余裕を持たせることにあります。受験学年の平常授業の3か月分に匹敵する25日間の集中学習は、2学期以降のステップアップの大きな支えとなるでしょう。

中1

首都圏トップレベルを目指す中1生集まれ!

1Sクラス選抜試験 6/7(土)

中1最上位クラスである「S(選抜)クラス」は、今回の選抜テストにより夏期講習会からのクラスが再編されます。君も1Sクラス選抜試験にチャレンジしよう!

ネット・携帯で簡単申込み!!

無　料 別日受験できます!

【実施会場】早稲田アカデミー各校舎
時間は校舎により異なります。

中2・中3

開成・国立附属・早慶附属高を目指す中2・中3対象

特訓クラス選抜試験 6/7(土)

最上位クラスである「特訓クラス」は、今回の選抜テストにより夏期講習会からのクラスが再編されます。君も特訓クラス選抜テストにチャレンジしよう!

ネット・携帯で簡単申込み!!

無　料 別日受験できます!

【実施会場】早稲田アカデミー各校舎
時間は校舎により異なります。

受付時間 12：00～20：30（日・祝 除く）

神奈川地区	
横浜校	045(314)6261（代）
綱島校	045(544)2501（代）
上大岡校	045(844)4011（代）
二俣川校	045(362)6811（代）
センター北校	045(913)9561（代）
仲町台校	045(941)6681（代）
たまプラーザ校	045(903)4311（代）
市が尾校	045(974)5211（代）
東戸塚校	045(824)8311（代）
川崎校	044(556)0721（代）
新百合ヶ丘校	044(953)3411（代）
武蔵小杉校	044(422)0611（代）
宮崎台校	044(853)5211（代）
溝の口校	044(822)4611（代）
登戸校	044(934)3031（代）
相模大野校	042(745)0511（代）
中央林間校	046(272)6811（代）
湘南台校	0466(43)6501（代）
本厚木校	046(295)8201（代）
埼玉地区	
大宮校	048(645)7181（代）
北浦和校	048(822)8001（代）
南浦和校	048(887)3481（代）
所沢校	04(2939)3301（代）
小手指校	04(2926)5811（代）
朝霞校	048(462)3061（代）
志木校	048(487)2811（代）
上福岡校	049(267)4611（代）
川越校	049(246)2511（代）
鶴ヶ島校	049(234)3711（代）
川口校	048(226)2421（代）
東川口校	048(297)8731（代）
蕨校	048(262)4511（代）
戸田公園校	048(447)0811（代）
上尾校	048(772)5581（代）
熊谷校	048(524)8011（代）
春日部校	048(733)5521（代）
新越谷校	048(988)4911（代）
せんげん台校	048(978)6851（代）
千葉地区	
千葉校	043(224)0311（代）
海浜幕張校	043(296)6011（代）
稲毛海岸校	043(277)4051（代）
新浦安校	047(355)9111（代）
柏校	04(7144)4351（代）
松戸校	047(361)7041（代）
新松戸校	047(341)1841（代）
津田沼校	047(471)9511（代）
船橋校	047(426)7451（代）
市川校	047(322)7641（代）
妙典校	047(398)7411（代）
八千代緑が丘校	047(459)8701（代）
八千代台校	047(405)0811（代）
勝田台校	047(486)6511（代）
茨城地区	
つくば校	029(859)4461（代）

2014 早稲田アカデミー主催
高校入試報告会

国立大学附属校や開成高、慶應女子高の貴重な情報が得られる「高校入試報告会」が3月28日と4月2日に行われました。

3月28日の筑駒・開成高校入試報告会

城北ブロックブロック長兼池袋校校長
登木隆司先生

講演内容をメモする参加者の方々が両日とも多く見られました。
また、お子さまといっしょに参加される保護者の姿もめだちました。

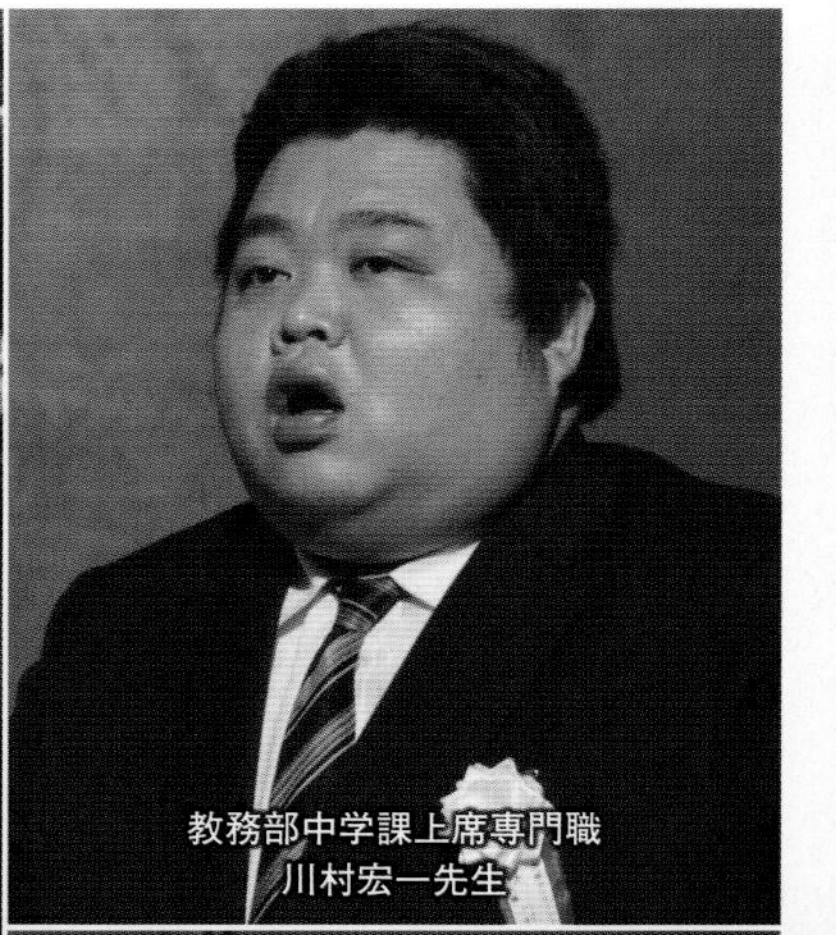
教務部中学課上席専門職
川村宏一先生

教務部次長
酒井和寿先生

４月２日の国立附属校・慶應女子高校入試報告会

神奈川第二ブロックブロック長兼
センター北校校長　宇津城靖人先生

前号に引き続き、早稲田アカデミー主催の高校入試報告会についてお伝えします。

3月28日と4月2日に行われたのは、筑波大附属駒場・筑波大附属・東京学芸大附属・お茶の水女子大附属などの国立大学附属校、そして開成高や慶應女子高という男子と女子の最難関校に焦点を当てた学校別の入試報告会でした。

両日とも、これらの学校をめざすお子さまを持つ保護者のみなさまで会場はいっぱいになりました。また、春休み期間中の開催であったため親子で参加される方の姿も見られました。

講師陣から各校の出願者数や受験者数、倍率などの入試概況についてスライドを使ったわかりやすい説明がなされ、教科ごとの各校の入試問題の特徴や合格に向けた学習方法についての講演が行われました。

また、「表現力を鍛える」というテーマで慶應女子高の作文の問題、お茶の水女子大附属の英語の問題を取り上げて、学校が求めている生徒像についての説明も行われました。

早稲田アカデミーは、今回の報告で取り上げた4校の国立大学附属校に今春１４４名、開成高に79名、慶應女子高に77名というすばらしい数の合格者を輩出しています。

入試報告会は、そんな早稲田アカデミーの講師陣から、入試を取り巻く状況や教科別の対策についての講演を聞くことができる貴重な機会です。真剣に話を聞く熱心な参加者の姿から、有意義な時間となったことが伝わってきました。

対策はいまから！

難関国立・私立校の入試問題分析2014

早稲田アカデミー
高校受験部門統括責任者
酒井和寿先生

新学期が始まったばかりで、受験学年でも志望校選びが終わってない人もたくさんいるのではないでしょうか。でも、めざす目標は高く持ちたいもの。そこで今月号の特集では、難関国立・私立校の今年の入試問題の傾向や対策を早稲田アカデミーの先生に聞いてきました。

開成高等学校

男子校

所在地：東京都荒川区西日暮里4-2-4
電　話：03-3822-0741
ＵＲＬ：http://www.kaiseigakuen.jp/

英語

今年度もユニークな問題が出題されました。大問１・２は長文の読み取り、大問３は空欄補充問題、大問４は辞書の記述を参照し、空欄に適語を入れる問題、大問４は表に示されたデータが正確に読み取れたかを問う問題、大問６は整序英作文、大問7はリスニングです。開成は「傾向がないのが傾向」といっていいほどさまざまな問題を出題します。まずは、試験時間内にすべての問題を解答できるだけの処理能力を向上させる必要があります。そして、どんな問題が出題されても解答できる総合力をつけてください。

数学

合格者平均点63.6点、受験者平均点51.7点と、差がつきにくい問題でした。解答しやすい問題とそうでない問題の区別がはっきりとしていたことが要因と考えられます。大問１（1)、(2)、大問２・３は取りこぼしが許されない問題でした。明暗を分けたのは、後回しにすべき問題の取捨選択と言えます。難問は時間がなければ解かないということも必要になる入試でした。合格するために不可欠なのは、丁寧な記述と作問者の意図をくみ取る状況把握能力です。場合分けも含めた積みあげの思考を身につけることが必要です。

国語

大問１は説明的文章、大問2は小説文、大問３は古文でした。記述問題が中心の傾向は変わりありませんが、今年は全体的に難化しました。問題文そのもののテーマが読解しにくくなっており、とくに小説文はテーマをつかめなかった受験生が多数いたはずです。設問の難度もあがり、単純な文章読解ではなく「新傾向問題」と呼ばれるものが増えています。近年の傾向が続くと考えると、記述問題への取り組みを強化すると同時に、読解力をつける学習も進めていくべきです。しっかりとした読解力に根ざした記述力をつけましょう。

理科

大問４題構成で難度も例年通りでした。内容的にも、開成の特色が出た入試でしたが、難化傾向にあった物理分野は比較的解きやすくなっていました。来年度以降も同様の傾向が続くと予想され、化学分野では一般的な実験についてしっかりと理解すること、物理では計算問題対策を強化しておく必要があります。生物分野では高校入試では一般的でない事象などの読解系の問題がめだちますので、「対照実験」など考察の考え方をしっかり確認する必要があります。地学分野は細かい知識事項まで整理しておきましょう。

社会

例年と変わらず大問３題、３分野各１題ずつの出題でした。大問1は世界各地の生活や環境をテーマとした問題、大問２では同時代史的に日本史と世界史を把握しておくことが要求される問題でした。大問３は日本国憲法の法理念と歴史的背景にかかわる問題でした。設問形態は空欄補充、用語記述、正誤判定など例年と同様でしたが、資料分析問題が出題されなかった分、解答しやすかったでしょう。小問によってはかなり深い知識を問う問題もあるので、知識（用語）の量を増やしたうえで解答を導く考察力を養いましょう。

配点・試験時間

教科	配点	時間（分）
英語	100	50
数学	100	60
国語	100	50
理科	50	40
社会	50	40

早稲田大学高等学院

男子校

所在地：東京都練馬区上石神井3-31-1
電　話：03-5991-4151
ＵＲＬ：http://www.waseda.jp/gakuin/koukou/

英語

昨年と同じく、説明的文章と文学的文章の長文２題構成でしたが、早大高等学院の特色である要約文完成問題は出題されませんでした。また、近年に比べると、長文の文章量・問題量が減少し、基本的な語彙《ごい》・文法問題が多く含まれる問題構成であったため、１問１問をきちんと解答できたかが勝負の分かれ目となったでしょう。今年度の問題は例年よりやや易しめであったことから来年度以降は長文の分量・設問数が増加し、難化することが予想されます。そのため、過去問などを使った十分な対策が必要になってきます。

数学

出題数は例年通りで、しっかりと早慶レベルの対策を行っていれば合格点に届く問題構成でした。そのなかでも、与えられた条件を整理して解く大問３の平面図形の問題は合否を分けた１題といえます。また、大問４の整数問題は、早大高等学院特有の「調べあげ」を利用する問題でした。計算力を強化することに加えて、関数や平面図形、今年度は出題がなかった立体図形などについて、解き方を理解したうえで、「解ききる・答えを合わせる」ということを意識しながら問題に取り組むことが大切です。

配点・試験時間

教科	配点	時間（分）
英語	100	50
数学	100	50
国語	100	50

国語

現代文は設問数はやや減少したものの、文章量は例年とほぼ変わらず、構成も大問２題のままでした。古文はやや難解でしたが、古文単語や文法の知識があれば、大半の問題は解けたでしょう。現代文の対策としては、まずは時間配分や解く順番を意識しながら問題に取り組むことです。そして、哲学や経済などの人文科学や社会科学に関する文章に日ごろから触れておくことも大切です。古文は敬語をヒントに主語を確定していく問題が頻出なので、敬語に関する知識をおさらいしておきましょう。

筑波大学附属駒場高等学校

男子校

所在地：東京都世田谷区池尻4-7-1
電　話：03-3411-8521
ＵＲＬ：http://www.komaba-s.tsukuba.ac.jp/

英語

大問1はリスニング問題、大問2・3は長文読解の物語文、大問4は自由英作文と、問題傾向は例年と変わりありませんでした。ただ、筑波大附属駒場の英語は、短い時間（45分）のなかで読まなければいけない文章が長く、記述形式の解答が多いのが特徴です。細部まできちんと理解できているかが正否を分けます。知識量だけではなく、限られた時間内に問題文を読み取ったり聞き取ったり、それを正確に表現できる力が問われます。つねにこうしたことを意識しながら勉強に取り組みましょう。

数学

例年通り大問４問の構成で、関数、整数、平面、立体から出題されました。昨年と比べると難度は低くなっていました。来年度入試に向けては、定番問題の知識や解法をまずは定着させ、さらに短時間で正確に解けるよう、設問ごとにどんな解法が適切なのかを選べるようにしましょう。整数や場合の数は、計算処理に加え、場合分けをしながら丁寧に調べる問題練習を、答えまでに多くのプロセスが問われる難度の高い問題は、結論にいたるためになにを求めればいいのか逆算する意識を高め、より高い計算力を身につけましょう。

国語

大問１は小説で、情景描写を心情説明する問題が出題されました。大問２は論説文で、言い換えや本文を反転させて解答させる問題が出ていました。大問３は古文。難度は例年並みでしたが、とはいえ筑波大附属駒場ですから、解答する際に表現しにくい問題や、型にはまらない、表現力が問われる記述問題もいくつかありました。対策としては、読解力をつけつつ、表現力も磨いていく必要があります。開成や国立大附属各校の過去問の文章要約や、記述の要素を考えながらの記述問題練習をしましょう。

理科

昨年までと出題形式が変わり、これまでは内容ごとに分かれていた地学分野が1つの大問でまとめて出題されました。物理・生物分野の問題は難度が高く、とくに力のはたらきに関する問題は、筑波大附属駒場らしい高難度のものでした。生物分野も知識ではなく論理的に考える力を問う問題が出題されていました。筑波大附属駒場の理科は、その場で考える力が問われる問題が多いので、基礎的な実験などでも、普段からどうしてそうなるのかを考えながら取り組んでいくことで、論理的考察力を養成してくことが大切です。

社会

正誤問題が多い社会ですが、今回の入試では、その割合がさらに高くなりました。内容的には、純粋な地理に関する出題がとても少なく、近現代史の難度が高くなったことが特徴としてあげられます。正誤問題については早い段階から専用の問題集で練習を積みましょう。全体的に日本地理と世界地理、日本史と世界史など融合問題が多く出題されますので、地理は時事要素に注意し、歴史は高レベルの知識を系統的に覚え、さらに横のつながりを意識しましょう。公民はとくに国際問題に留意してください。

配点・試験時間

教科	配点	時間（分）
英語	100	45
数学	100	45
国語	100	45
理科	100	45
社会	100	45

慶應義塾高等学校

男子校

所在地：神奈川県横浜市港北区日吉4-1-2
電　話：045-566-1381
ＵＲＬ：http://www.hs.keio.ac.jp/

英語

今年度の出題形式は一昨年以前のものに戻り、慶應義塾らしい問題になったと言えるでしょう。文法では、関係副詞・知覚動詞・使役動詞・仮定法など、高校での学習内容を理解していることが必要な問題が出題され、内容はハイレベルなものとなりました。また、誤文訂正問題や空所補充問題、和訳問題など、文構造を分析して品詞を判別したり、意味を解釈したりする必要がある問題も出題されました。基本的な文法の理解と単語・熟語の暗記はもちろん、文構造を分析する訓練を積むことが合格へのカギとなるでしょう。

配点・試験時間

教科	配点	時間（分）
英語	100	60
数学	100	60
国語	100	60

数学

今年度の出題内容は、関数・文章題・整数・図形の回転と例年とくに変わりませんでしたが、大問の数が多くなったのが特徴的でした。60分のなかで増えた大問に対応するためには、大問ごとに「どのような解法が求められているか」を素早く見極めることが重要です。計算に頼った方法では高得点は望めません。解法の道筋を明確にし、それに沿って解いていくことが必要とされているので、公式をどのように利用して解答にいたったのかをきちんと説明できるように普段から練習しておきましょう。

国語

大問２題で構成され、例年通り漢字の総画数や筆順の問題が出題されました。昨年と同じく古文は出題されない年だったようです。大問１は論説文や夏目漱石の『門』など、３つの文を題材に漢字・知識・文法・読解と幅広く出題され、大問２は吉川幸次郎の『本居宣長ー世界的日本人ー』を題材として、内容把握・文学史の設問となりました。基礎からきちんと文法問題に取り組み、読解は記述も含め文脈をつなぐ意識を持った学習をしましょう。古文も要約ができるように訓練しておくとよいでしょう。

筑波大学附属高等学校

共学校

所在地：東京都文京区大塚1-9-1
電　話：03-3941-7176
ＵＲＬ：http://www.high-s.tsukuba.ac.jp/

英語

リスニング、読解が2題、英作文という構成は変わりませんでした。長文の2題の内容は昨年度よりも読みやすかったものの、文章がとても長かったため、速読力が問われました。英作文は日本語を自分で英作文しやすいように読み替える必要があり、やや難度が高かったかもしれません。ただ、難問の数自体は限られていますので、過去問演習から解くべき問題を判断する訓練を重ねれば、確実に得点できます。また、普段からたくさんの長文に触れ、本番の緊張感のなかでも問題を読みきれるように勉強していきましょう。

数学

出題構成は大問が4問で小問が１５題と例年と同様でした。出題のレベルは、これまでよりも取り組みやすい問題が多かった印象です。大問１の小問集合のうち、(5) は平均値の問題で、少し扱いにくい問題でした。大問の２と３は平面図形で、大問2が台形、３が円と相似に関する問題、そして大問４が空間図形でした。こみいった文章題はなく、図形重視の出題ですから、まずは標準的な計算手法をしっかりと身につけたうえで、図形の強化を確実に行っていくことが有効な対策と言えるでしょう。

国語

説明的文章と文学的文章から１題ずつ出題され、文章も比較的読みやすいもので、問題構成、設問レベルは例年通りでした。記述問題は冗長にならず、コンパクトにまとめられるかがカギになります。大問２つのどちらとも、最低限入れなければいけない要素を手間取らずに見極めることが大切です。筑波大附属の国語は標準的な問題が中心となるぶん、漢字や知識問題で失点しないようにすることと、先に述べたように、簡潔明瞭な記述解答が書けるようになることの２つがポイントになってきます。

理科

４分野から2題ずつ、計８つの大問があるのはこれまでと同じでした。どの分野でも盛りだくさんの内容で、解きにくい問題はあっても難問は少なく、代わりに幅広い知識が問われるものが多いのが特徴です。また、「すべて選べ」という問題で答えが１つのみだったり、「四捨五入して答えよ」という計算で四捨五入の必要がなかったりということもあるので、問題文に惑わされないよう自信を持って解答するようにしましょう。また、観察や実験に関する記述問題も毎年出題されていますので、しっかりと対策してください。

社会

大問数は昨年度から変わらなかったものの、問題数が１０問以上減り、取り組みやすい問題も多くありました。出題形式も地理は図法を中心とした問題、歴史は図版を用いたもの、公民は計算問題と、例年から変化はあまりありませんでした。筑波大附属の特徴である計算問題は、今回は民法分野で出題されました。来年度に向けての対策としては、正確な知識を身につけ、かつ、背後にある本質的な部分まで理解していくことが求められます。類題の多いほかの国立大附属校や関西圏の入試問題に触れておくのも有効です。

配点・試験時間

教科	配点	時間(分)
英語	60	50
数学	60	50
国語	60	50
理科	60	50
社会	60	50

早稲田実業学校高等部

共学校

所在地：東京都国分寺市本町1-2-1
電　話：042-300-2121
ＵＲＬ：http://www.wasedajg.ed.jp/

英語

長文読解・単語定義・整序結合・リスニングなど、出題内容は例年とそれほど変わりませんが、文法が前半、読解が後半と、出題順序が例年とは逆の構成でした。長文読解においても、文章量や設問形式に変化が見られました。早実入試の攻略には、長文を正確に読む力と幅広い語彙・文法の知識が必要です。長文については、細かな解釈を要する設問、内容一致をはじめとする文章全体の把握理解が問われる設問の両方の練習が重要です。また、難度の高い整序結合の問題には、文法的に語句を並べあげる力が求められます。

数学

昨年の小問数と比べ５問多く出題されました。全体的な難度は例年と変わりはありません。しかし、調べあげる問題が多く出題されたため、解く順序が得点に影響していると思われます。出題内容としては、図形分野が比較的多く出題されました。関数と複合して出題されることもあり、相似や面積比を得意とするくらい練習を積んでおく必要があります。また、解答にいたるまでの計算も複雑であるため、しっかりとした計算力も求められます。出題形式は例年似ているので、過去問演習を通じてしっかりと作戦を立てましょう。

配点・試験時間

教科	配点	時間(分)
英語	100	70
数学	100	60
国語	100	60

国語

問題の構成・文種ともに例年通りで、文学的文章・説明的文章・古文が出題されました。問題難度も例年と変わりありませんでした。早実の国語は、比較的文章量があり、小問数も多い問題構成です。加えて、本文全体から書き抜いていく短い空欄補充も例年出題されますので、スピーディーに問題を処理する能力が求められます。また、古文は毎年出題され、内容把握のほかに動作主・文学史などの古文基礎問題が出題されていますので、古語や基本知識をしっかりと学習し力をつけたうえで、内容を追う訓練をしておくと効果的です。

東京学芸大学附属高等学校

共学校

所在地：東京都世田谷区下馬4-1-5
電　話：03-3421-5151
ＵＲＬ：http://www.gakugei-hs.setagaya.tokyo.jp/

英語

今年度の問題は、内容から考えると試験時間内にすべて解答するのは難しいと言えるものでした。読解問題では文法知識を問うものもありますが、文章の内容をきちんと把握したうえで臨まなければ正答できない問題が多くあるからです。そのため、早く正確に文章を読み取れるようにすることが対策の第一です。コツとしては、一文一文を正確に和訳していくよりも、段落や場面ごとの大意をつかむようにしていくのがよいでしょう。

数学

大問5問の構成で、大問１は小問集合で基本的な問題、大問３は記述問題があり、大問３以降の各大問の最終問題の難度がやや高め、という流れはあまり変化がありませんでした。表面的な知識だけで解ける問題は少なく、整式や関数などで高い処理能力が問われたり、正多面体や複合多面体など複雑に見える立体図形への対応能力が必要だったりと、しっかりと訓練を積んでおくことがポイントになってきます。証明などの記述力も問われてきます。

国語

大問が３つあり、マークシート形式で、文章を書くような記述問題が出題されないのは例年と変わりがなく、すべて大意をつかめば対応できる問題でした。東京学芸大附属の国語は選択問題が中心で、選択肢のなかから解答を選ぶときに、設問と本文中の解答根拠をきちんと把握して、自分で解答をイメージできるようにすることが大切です。安易に消去法で解いてしまわずに、積極的に解答を選んでいくことができれば高得点も望めます。

理科

大問9問は例年通り。４分野からバランスよく出題されているのも変わりません。出題内容が多岐にわたり、ところどころに計算問題が含まれています。基本的にマークシートの問題がほとんどですが、地学分野で用語を書かせたり、物理分野でグラフを描かせる問題もありました。来年度以降も出題傾向に大きな変化はなさそうなので、典型的な問題をどんどんこなし、過去問演習を通してマークシート形式に慣れていきましょう。

社会

地理では新傾向としてセンター入試型の統計問題が多く出題されました。歴史は正誤問題と時代の判別を問うものが例年通り出題。公民は正誤問題を中心に、記述が１問、法律の内容を選ぶ問題も出されました。地理は統計が重要で、歴史は流れを重視すること、公民は正誤問題と、法律の内容や時事問題のチェックが必要です。正確な知識と思考力、高い処理能力も要求されるので、筑波大附属などの正誤問題が類題としては適切でしょう。

配点・試験時間

教科	配点	時間（分）
英語	100	50
数学	100	50
国語	100	50
理科	100	50
社会	100	50

渋谷教育学園幕張高等学校【前期】

共学校

所在地：千葉県千葉市美浜区若葉1-3
電　話：043-271-1221
ＵＲＬ：http://www.shibumaku.jp/

英語

長文問題２題、文法問題３題、リスニングで構成され、答えがすぐに連想できてしまうような典型的な問題はないハイレベルなものでした。文法の深い理解が必要な問題、実用力が問われる問題が多く出題され、定番となっている50字の日本語記述問題もありました。対策としては、過去問で記述問題、文法の誤文訂正などにしっかりと取り組み、苦手分野をなくすことが大切です。類題が多い開成や筑波大附属駒場の過去問を解くことも有効でしょう。

数学

大問５題で構成され、座標幾何や平面図形、２次不定方程式の問題など、各分野からまんべんなく出題されました。図が与えられていない平面図形の問題など、解くのにやや時間がかかる問題があったものの、全体的には少し易しくなった印象があります。しかし、設問数が少ないので１つのミスが点数に大きく影響してしまいます。出題の傾向は全体的に一定しているので、各分野における典型的な問題を確実に解けるようにしましょう。

国語

今年度も論説・小説・古典の大問３題の構成でした。昨年度は読み・書きの出題であった漢字が、書きのみの出題となり、記述問題が２題から５題へと増加したのが変更点です。古典の文学史で『笈の小文（松尾芭蕉）』の著者を問う問題など、難しいものも出題されました。語句を増やし古文常識を養いながら、筆者の主張や人物の心情、文の大意を把握し、まとめていく力を身につけられるように意識して学習に取り組みましょう。

配点・試験時間（前期）

教科	配点	時間（分）
英語	100	60
数学	100	50
国語	100	50
理科	100	50
社会	100	50

理科

大問は３問で、融合問題があり、物･化･生･地の全分野からの出題となりました。文章が長く、難度が高いのが特徴です。内容は、化学の計算と火山に関する知識が必要とされた温泉についての融合問題、中和や原子量に関する化学の計算問題などが出題されました。文章を理解しながら読み進め、問題を解くために利用する、という傾向に対応するためには、丸暗記ではなく物事の本質を理解することと思考力を養うことが大切です。

社会

歴史は、２つの文の正誤を組みあわせる問題、記述が12問ありました。公民はネット選挙の解禁・一票の格差などの時事問題が出題されました。そして、大問３で地図・写真の資料や文中のヒントから解答を導き出す問題が出題されました。歴史分野は、因果関係も含めた歴史の流れをしっかりとつかみ、合否の分かれ目である正誤問題の対策をすることが大切です。公民分野では基本用語から時事的な話題まできちんと押さえましょう。

お茶の水女子大学附属高等学校

女子校

所在地：東京都文京区大塚2-1-1
電　話：03-5978-5855
URL：http://www.ft.ocha.ac.jp/

英語

今年度は昨年度の45問から34問へと設問の数が大きく減り、時間内に解答しきれる内容になりました。各設問を見ると、読解問題の文章量が増え、語彙のレベルも少し上がりました。自由英作文は、例年「身近にあるもの」を英語で説明するものでしたが、受験生の個人的な体験や感想を記述するものに変わりました。対策として一番有効なのが過去問演習です。とくに読解問題は正確な処理がいかにできるかを意識して取り組みましょう。自由英作文は必ず添削をしてもらうことで自分では気づかないミスを発見することができます。

数学

2010年度以降、大問が5つという構成は変わらず、大問1が小問の集合というのも一昨年度から同じです。今年度は比較的取り組みやすい内容の問題が多かったと思いますが、どの問題でも図は最低限のものしか与えられていないので、普段から図や表を自分でまとめたり書いたりする習慣がなかった受験生には難しかったかもしれません。各単元の知識や基本公式をしっかりと身につけておくことは当然のこと、問題のなかで与えられた条件を自分で図や表にまとめられるように日ごろから勉強していくようにしましょう。

国語

大問1で説明的文章、大問2で文学的文章、大問3で古文と、出題傾向に昨年度と比べて大きな変化はありませんでした。さまざまな分野から万遍なく、オーソドックスな問題が出題されるのがお茶の水女子大附属の特徴です。ですから、説明的文章、文学的文章、古文のそれぞれで、丁寧に本文を読み込み、内容を把握しながら根拠を見つけて解答を出す、記述をするという訓練が大切です。漢字や知識問題も基礎的な事柄ながら幅広く問われますので、反復学習を欠かさずに定着度をあげましょう。

理科

出題形式や、記述問題・計算問題の多さは例年通りで、受験生にとっては苦戦させられた問題も多かったのではないでしょうか。例えば生物分野ではじん臓の働きを血液の循環から計算させる問題、物理分野ではジェットコースターの模型を使って、斜面上の台車にはたらく力や斜面上を動く台車の運動のエネルギーなどを求めさせるなど、難度の高い問題が出題されていました。ほかの国立大附属校と比べても解きにくい問題も多いので、どんどん計算していく力が必要です。そして小問集合では知識の定着も問われます。

社会

大問の構成や問題量、記述の量などは例年通りで、難度も標準的でしたが、地理分野で出題された大問4の資料読み取りは、思考力が要求される高難度の問題でした。お茶の水女子大附属の社会は歴史分野で確実に得点することがポイントになります。歴史の記述は前提となる知識がないと解答することが難しいので、正確な歴史知識と、因果関係や歴史の流れをしっかりと整理しておきましょう。また時事的な内容が多く出題されること、資料の読み取りなどの思考力が問われることも頭に入れて勉強を進めてください。

配点・試験時間

教科	配点	時間（分）
英語	100	50
数学	100	50
国語	100	50
理科	100	50
社会	100	50

慶應義塾女子高等学校

女子校

所在地：東京都港区三田2-17-23
電　話：03-5427-1674
URL：http://www.gshs.keio.ac.jp/

英語

大問の数は昨年度と同じですが、ほぼ毎年出題されていた物語文が出題されず、説明文が2題出題されました。説明文は新出の社会文化系に関する文章と、定番の理科系テーマの文章で、理科系テーマの文章は、語注も減り、例年以上に解きにくい問題でした。リスニング、会話文読解、自由英作文も例年通り出題され、英作文は「失敗は成功のもと」というテーマで自分の意見を50字程度で書くものでした。これらの問題に対応するため、論理的思考能力を磨くとともに、学習した知識を活用する力も養う必要があります。

数学

昨年度よりさらに易化した印象で、2年続けて慶應女子特有の複雑な計算問題は出題されませんでした。また、作図や証明問題も出題されず、超難問といった問題もありませんでした。しかし、完答までに時間を要する問題があったため、どの問題から手をつけるかが重要となりました。こうしたことから、合格者平均は70点程度と予想され、高得点勝負となったことが伺えます。慶應女子ならではの工夫が必要な計算問題は2年続けて出題されませんでしたが、今後も引き続き練習を重ねておいた方がよいでしょう。

配点・試験時間

教科	配点	時間（分）
英語	非公表	60
数学	非公表	60
国語	非公表	60
作文		60

国語

大問の数は昨年と同様3題でしたが、今年度は古文単独の大問が復活したため、大きな変更点があったと言えます。富士山の世界文化遺産登録を記念し「富嶽百景」を選ぶ文学史の問題など、時事的な内容を反映した知識問題もめだち、国語の便覧を活用した幅広い学習が必要となってきます。記述問題は6問から9問に増加しましたが、文章内容と設問は平易だったため、全体のレベルが大きく変化したわけではありません。記述問題の対策として、短時間で50〜60字程度の文章をまとめあげるトレーニングを行いましょう。

スリープマスターに聞く

快眠のススメ

中学生のみなさん、毎日ぐっすり眠っていますか？
寝具・寝装品（布団・枕など）を取り扱う企業である東京西川には、
「スリープマスター」という資格制度が存在します。
スリープマスターとは、眠りに関するさまざまな知識を備えている眠りのプロのこと。
今回はスリープマスターとして活躍している長谷川さんに、
睡眠に関する基礎知識と悩みの解決法を教えていただきました。

東京西川
スリープマスター
アロマテラピーアドバイザー
長《は》谷《せ》川《がわ》 夏《なつ》美《み》さん

睡眠のキホン

スリープマスター 長谷川さんによる 睡眠基礎講座

眠りのシクミ

眠りには、レム睡眠（身体は休んでいるけれど、脳は起きているときと同じく活性化していて眠りが浅い状態）と、ノンレム睡眠（身体も脳も休んでいて、深い眠りについている状態）の2種類があります。

一晩の眠りのサイクル

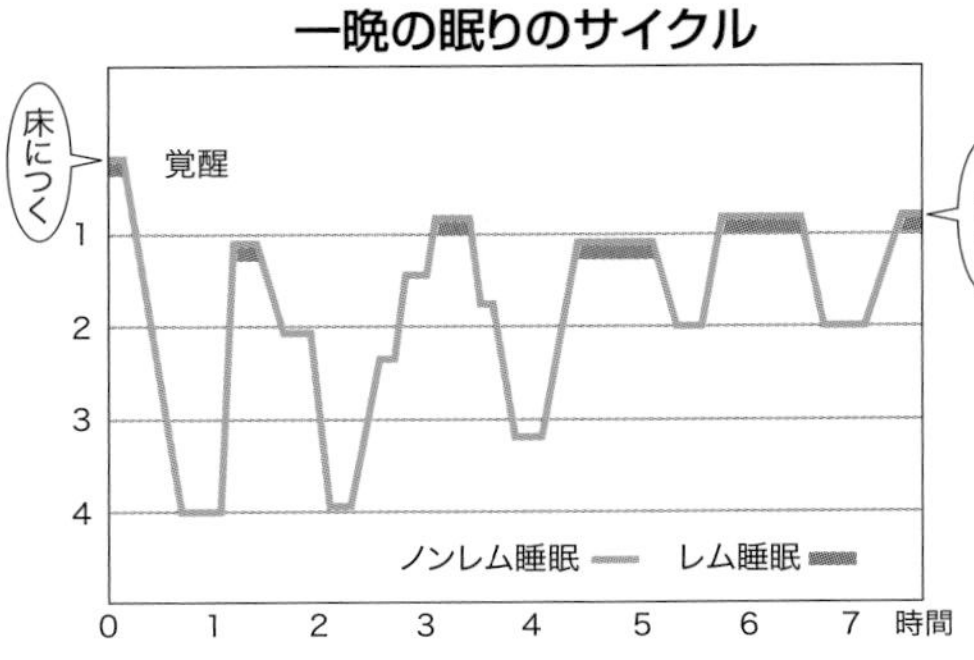

1.うとうと眠り　2.浅い眠り　3.中ぐらいの眠り
4.深い眠り

レム睡眠時にはその日に学習したことが頭のなかで整理され、ノンレム睡眠時には成長ホルモンが分泌されるなど、眠りには2つの異なる働きがあります。

上のグラフは一晩の眠りのサイクルを表しています。眠ってから最初に訪れる眠りが一番深く、ここでとくに多くの成長ホルモンが分泌されています。個人差はありますが、2つの眠りは約90分で1セットと言われており、これを4～5セット繰り返しながら朝を迎えています。

寝具のキホン

就寝時に快適な環境を作り出す「かけ布団」

かけ布団　私たちが寝るとき、かけ布団と身体の間にできる空間を「寝《しん》床内気象《しょうないきしょう》」と言います。日本睡眠科学研究所の調べによると、温度33±1℃、湿度50±5％が快適な寝床内気象の理想的な値と言われおり、その値を保つために外気の状況によってかけ布団を変える必要があります。例えば、室温10℃前後では羽毛かけ布団1枚と綿毛布、室温15℃前後では羽毛かけ布団1枚など、洋服を衣替えするように、かけ布団も季節によって変えていきましょう。

就寝時の姿勢を正しく保つ「敷き寝具と枕」

敷き寝具　眠るときの正しい姿勢は、まっすぐ立った姿勢からそのまま横に倒れたときの姿勢です。敷き寝具で重要なのは、身体のラインをまっすぐな状態に保てるかどうかです。

図1は寝ているときにどの部分にどれくらいの力がかかっているかを表しています。体重の約半分が腰にかかっているのがわかりますね。

やわらかすぎたり、長期間使用したため腰部分が沈んでいる敷き寝具を使っていては、姿勢が崩れ、腰に大きな負担をかけてしまうので、身体に合った敷き寝具を選びましょう。

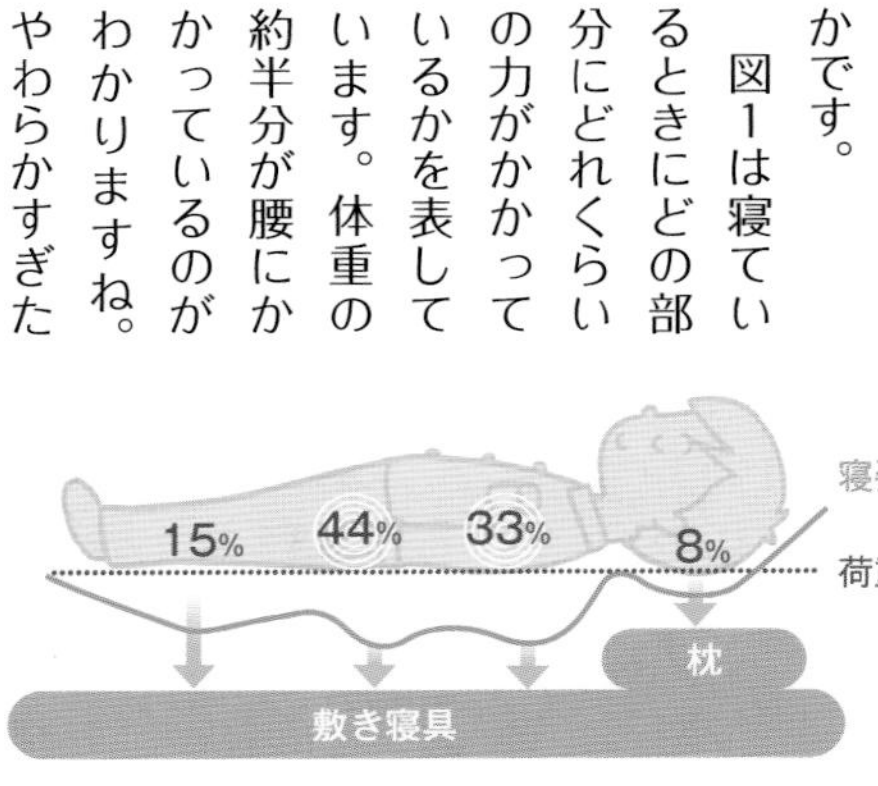

図1

枕　図1からもわかるように、頭にも体重の約8％の力がかかっています。枕は頭の重みを乗せるためだけではなく、首を休めるためにも重要な役割を担っています。

図2

図2は壁を背にして立ったときに、壁と頭の間に隙間があることを示す図です。首にはゆるい湾曲があるため隙間ができ、この隙間を埋めるためにその人に合った高さの枕が必要なのです。

また、横向きに寝ることが多い人は横向きになったときの高さも重要で、身体が一直線になるような、片方の肩幅ぶんの高さが必要です。

東京西川では、仰向け寝・横向き寝どちらにも対応できるように中央部より両端が高めに設計されている枕や、世界で活躍するアスリートも使用している敷き寝具「AiR（エアー）」などの販売を行っています。また、長谷川さんのようなスリープマスターや、羽毛ふとん、枕に関する知識が豊富な「羽毛ふとん診断士」や「ピローアドバイザー」が在籍する店舗もあります。

（店舗一覧 http://www.nishikawasangyo.co.jp/r/shops/）

睡眠のナヤミ

スリープマスター長谷川さんによる お悩み相談室

中学生のみなさんの眠りに関するお悩みを、スリープマスター長谷川さんがズバリ解決してくれました。

ナヤミ❶

寝てもぐっすり寝た気がしません。深く眠るコツはありますか?

深く眠るためのポイントはおやすみ前の過ごし方です。

まずはお風呂に入って全身を温め、緊張をほぐしましょう。人間は身体内部の温度「深部体温」を下げて眠りにつくため、じつは手・足先から熱を逃がしているんです。身体を温めることで自然な放熱を促せるよう、約38~40度のお湯にゆっくり浸かりましょう。お風呂に入れないときは洗面器にお湯をはり、手足だけ温めてもいいですよ。

そして、就寝1時間前はスマートフォン、テレビ、パソコンなどの使用を控えましょう。これらから発する強い光が目に入り脳が覚醒すると、おやすみモードから遠ざかってしまいます。また、コンビニなどの明るい場所も全身に強い光を浴びるので、塾帰りに立ち寄る人は要注意です。

さらに、食べ物の消化には時間がかかるので、夕食は寝る3時間前にすませ、就寝前の夜食は避けましょう。どうしてもお腹がすいたときは、カフェインの入っていないホットミルクやハーブティーで身体を温めると心も落ち着きます。

ナヤミ❷

朝が苦手で二度寝をしてしまうときもあります。すっきり目覚めるにはどうしたらいいですか?

朝はしっかり太陽の光を浴びることが大切なので、目覚めたらすぐにカーテンを開けましょう。身体のなかにある体内時計がリセットされ、元気よく1日をスタートすることができますよ。そのほか、朝ごはんを食べたり熱いシャワーを浴びるのも効果的ですが、右ページで紹介したように、レム睡眠時は眠りが浅く起きやすいので、レム睡眠時に起きるには何時に寝ればいいのかを逆算してから眠るのもいいでしょう。例えば、朝の7時半に起きたい場合は、夜の12時に寝るとすっきり目覚められる可能性が高いですよ。

ナヤミ❸

寝つきが悪く、布団に入ってからも眠れない日があります。とくに試験の前日は緊張してなかなか眠れません。どうしたら眠れますか?

眠れないときにぜひ取り入れてほしいのがアロマオイル、音楽、ストレッチの3点です。

まずアロマオイルですが、好きな香りのものを用意し、身近にあるハンカチやティッシュに1、2滴垂らします。アロマポットなどがなくてもこれを枕元に置くだけで十分な効果が得られるのでお手軽です。アロマには心を静める効果のあるラベンダーなど色々な香りがありますが、中学生のみなさんにとくにおすすめなのがオレンジスイートという甘いみかんのような香りです。心を前向きにしてくれる効果もあるので、試験の前日に緊張して眠れないときにぜひ試してみてください。

音楽は、波の音や川のせせらぎなどの自然の音が収録されているCDがおすすめです。波のようにひいては返すようなゆったりしたリズムには、リラックス効果があるんですよ。寝入りをよくするためのものなので、一晩中かけるのではなく、20分程度で止まるようにあらかじめタイマーを設定しておきましょう。

ストレッチも効果的です。眠れない日は思いきって布団から出て身体を伸ばしてみると、気持ちが切り替わりすんなり眠れることもあります。反動をつけずにゆっくりと深呼吸をしながら行ってください。

おわりに

じつは睡眠というのは時間を長くとればいいものではなく、質を高めることの方が大事なのです。そして、質の高い眠りを手に入れるためには、眠りを妨げる要因を取り除き、リラックスすることはもちろん大切ですが、生活リズムを崩さないことも重要です。休日に寝だめをしようと朝遅くまで寝るのは避け、前日との睡眠時間の差は2時間以内にとどめておくのが理想です。今回、色々とお話ししたことを実践して、快眠できるようにしてくださいね。

東大手帖 ～東大生の楽しい毎日～

現役東大生が東大での日々と受験に役立つ勉強のコツをお伝えします。

東大生によるおもてなしを体験できる「五月祭」

Vol.03

text by 一（イチ）

今回は、東大でまもなく開かれる学園祭「五月祭」について紹介したいと思います。もしかすると、学園祭や文化祭というのは秋に開かれるイメージがあるかもしれませんが、東大では、年に２回、春と秋に学園祭があるんです。東大のおもなキャンパスは、１・２年生が過ごす駒場キャンパスと、３・４年生や大学院生がおもに在籍する本郷キャンパスの２つです。そして11月は、駒場キャンパスで駒場祭が、５月には、２日間にわたり本郷キャンパスで五月祭が開かれます。

五月祭の参加団体はおよそ450、来場者数は10万人と全国屈指の規模を誇る学園祭だそうです。秋の学園祭シーズンとは外れた時期に開催されるため、テレビや新聞でも取り上げられることが多く、なんとなくワイワイとした雰囲気を知っている人もいるかもしれませんね。そんな、ほかの大学の学園祭では味わえない、五月祭の魅力をお伝えします。

魅力その１。東大で行われている最先端の研究を知ることができます。１・２年生が主体の駒場祭と比べて五月祭は専門の学部学科に通う上級生が多く参加するため、研究の展示が盛んです。今年は「近未来体験2014」や「なるほど実感！サイエンスミュージアム＠本郷」、「模擬裁判」といった企画が注目されています。若々しい雰囲気の一般的な学園祭とは違い、真面目で少しお堅い、アカデミックな学園祭ですが、中学生でもよくわかるように工夫されているので、各学部の多彩な研究を楽しんでください。

魅力その２。東大のおもしろいサークルや団体を見つけることができます。トランプやコインを使った驚くようなマジックを披露する、東大奇術愛好会による「ステージマジックショー」および「テーブルマジックショー」に、大道芸やサーカスでおなじみのボールやクラブ（ボーリングのピンに似たもの）をくるくると回したりする、ジャグリングサークル・マラバリスタによる「マラバリスタジャグリングステージ」。ほかにも厳しい審査を潜り抜けてきた学生のバンドやピアノ演奏、女装した男子学生（男の娘）らによるパフォーマンスなどなど、本当に色々です。「大学生になったらこんなことをしてみたいなあ」と大学生活への思いを広げる、いいきっかけになるはずです。

魅力その３。普段なら会えないような有名人に会うことができます。今年の五月祭でだれが来るかはまだ発表されていませんが、去年は元外務大臣やベンチャー企業の社長による講演、人気アイドルグループのステージなどが反響を呼びました。元気で若々しい大学生の活動を楽しんだあとは、大人の深い話を落ち着いて聞いて、知見を広げるのもいいかもしれません。質問する時間が用意されている場合もあるので、気になったことがあれば質問してみるのもいいでしょう。中学生が有名人に物申すというのは、普通に暮らしていればなかなかできない経験ですよ。

五月祭は、東大の生の姿や最新研究を身近に感じられる大きなチャンスです。東京に住んでる人はもちろん、東京以外に住んでいる人も、東京観光も兼ねて参加してみてはどうでしょうか。ちなみにぼくは高校生のときに京都から新幹線に乗ってはるばる参加し、東大に入りたいという気持ちが強くなりました。いま振り返るととてもいい時間だったと思います。今年の五月祭は５月17日（土）と18日（日）に行われますので、ぜひ参加して、東大生たちの「おもてなし」の心を感じ取ってみてください。

SCHOOL EXPRESS

豊島岡女子学園高等学校

TOSHIMAGAOKA JOSHIGAKUEN HIGH SCHOOL

東京都 豊島区 女子校

喜びと感動の学園生活で知力と人間力を磨く

進学実績の高さに定評があり、毎年国公立大・難関私立大へ多くの卒業生を輩出している豊島岡女子学園高等学校は、池袋にあるまさに都心の学校です。クラブ活動も盛んで、全人的な教育がなされています。学習にクラブ活動にと、欲張りな生徒たちの笑顔のたえない充実した学園生活がそこにはあります。

竹鼻《たけはな》 志乃《しの》 校長先生

創立122周年 女子教育の伝統校

豊島岡女子学園高等学校（以下、豊島岡女子学園）は、１８９２年（明治25年）に河村ツネ先生により設立された私立女子裁縫専門学校を始まりとしています。１９４８年（昭和23年）、3度目の校地移転で現在地の池袋に移り、校名も豊島岡女子学園となりました。

教育方針には「道義実践」「勤勉努力」「一能専念」の言葉が掲げられ、努力目標として「予習をしよう」「気立てのやさしい女性に」「健康に注意しよう」を掲げています。

竹鼻志乃校長先生は「いつの時代

も変わらず重要なことが教育方針となっています。人としての正しい道と思いやりの心を大切にし、努力を怠らずに才能を伸ばすという教育姿勢が示されているのです。また、『一能専念』を表す伝統として、1948年（昭和23年）以来続けられている『運針』があります。これは、毎朝8時15分から20分までの5分間があてられ、全校でいっせいに行い、その間は学校中が静寂に包まれます。コツコツと努力を積み重ねることの大切さを学びます。集中することで心が落ち着き、また、指を動かすことで脳が活性化され、その状態で1時間目の授業に入ることができるので、気持ちの切り替えにもなります」と話されました。

進路に合わせたクラス編成が特徴

3学期制の学校ですが、授業時間は十分確保されています。例えば、2・3学期の始業式の日にも3時間目から授業がありますし、文化祭の前であっても、午前中は短縮授業で午後から準備に入るというように、随所で授業時間を大切にする工夫がなされています。

中学から先取り学習を行っている中入生と、高校からの高入生では勉強の進度が異なることから、高1・高2では中入生と高入生を分けたクラス編成となります。中入生が6クラス、高入生が2クラスです。高3からは同じクラスになります。

カリキュラムは1年次が共通履修で、2年次から進路希望に合わせて文系クラスと理系クラスに分かれます。3年次には、私立大の文系学部をめざす「文系Ⅰクラス」、国公立大の文系学部をめざす「文系Ⅱクラス」、医・歯・薬・理工系などの理系学部をめざす「理系クラス」の3つに分かれます。

「文系と理系の割合は、年度によって多少変わりますが、大体文系4対理系6です。理系の割合の方が多いため、理系に強い学校と思われがちですが、文系学部志望者も実績を残しています。文系・理系どちらであっても高校3年間でしっかりと実力を伸ばすカリキュラムが整っていると言えます。」（竹鼻校長先生）

学力アップを支えるさまざまな取り組み

豊島岡女子学園では「授業を第一に考える」ことが基本とされ、質の高い内容の授業が展開されています。数学と英語の一部では、習熟度別授業も行われています。

そのほかにも、生徒の学力アップを手助けするさまざまな取り組みがあります。

朝のHRで行われる「月例テスト」もその1つです。これは、高1は漢字・英単語・数学、高2以降は古文単語・英単語・社会か理科（各自の文理選択により変わる。文系は社会、理系は理科）の3種類のテストで、それぞれ月に1回、HRの5分、または10分を使って実施されます。まさに教育方針にある「勤勉努力」の実践と言え、このように定期的にテストを受けることで、生徒は基礎学力をしっかりと育んでいきます。

「授業以上のことを学びたい」「実践力の強化をしたい」という生徒のためには、「実力養成講座」が用意

運針と礼法

校門

運針

シンデレラ階段

礼法

毎朝5分間の「運針」や「礼法マナー」を学ぶ授業など、女子教育の伝統が受け継がれています。

学校生活

さまざまな行事やクラブ活動の経験を通して大きく成長することができます。クラブ活動は全員参加で、48のクラブが盛んに活動しています。

運動会

林間学校

桃李祭（文化祭）

修学旅行

イングリッシュ・ランゲージ・テーブル

高１遠足

海外研修

されています。これは、放課後を使った希望者による講座で、高2の1学期から開講されています。高2では、受験に向けて主要教科を中心とした基礎学力の拡充と定着を目標とした内容で、1・2学期に英語・国語・数学、3学期にさらに理科と社会の講座も加わります。高3では1・2学期に実施され、国公立大の2次試験対策を中心とした6教科の講座が受講できます。

長期休暇中には夏期・冬期・直前講習なども行われています。夏期講習は各学年で実施され、希望制です。とくに高2・高3では、さまざまな内容やレベルの講座が用意されていますので、自分の進路や実力に見合ったものを選ぶことができます。また、高3では、夏期に加え、冬期・直前講習も行われています。

竹鼻校長先生は「夏休みには自習室を開けていますので、夏期講習に参加しない日であっても、学校で勉強をすることができます。長期休暇中も多くの生徒が学校に来て勉強をしていますね。本校では、生徒同士で教えあうことが当たり前の光景となっていますので、みんなで高めあい、励ましあいながら受験に向かう雰囲気が作られていると思います」と話されました。

本物の英語力が身につけられる

英語教育も充実しています。リスニング、スピーキング、リーディング、ライティングの4技能の基礎を定着させ、本物の英語力が身につくように指導されています。

授業以外では、英語多読指導の一環として学年を越えて実施されている「リーディングマラソン」があります。1年間に2回、2～3週間にどれくらいの量の英文が読めるかを参加者で競いあうものです。

放課後には、ネイティブの先生と会話を楽しむ「イングリッシュ・ランゲージ・テーブル」があります。希望制で、会話の題材も生徒たちの提案によるものが使われますので、英語を積極的に学びたい生徒にはぴったりのプログラムです。

高1・高2を対象とした海外研修も実施されています。こちらも希望制で、カナダとニュージーランドに加え、今年度（2014年度）からはイギリスも研修地として選ぶことができるようになりました。

きめ細かな進路指導で生徒の夢をサポート

豊島岡女子学園の進路指導は、3

食堂

学校施設

豊島岡女子学園では、生徒にとって楽しく充実した学校生活が送れる環境となるよう、施設設備が整えられています。

図書館

小諸林間学校

ギャラリー

入間総合グラウンド

屋上プール

年間かけて計画的に行われるきめ細かな内容となっています。

高1の4月には「先輩に学ぶ〝力のつく〟勉強法」というイベントがあります。卒業生が授業の受け方、模試への臨み方、進路の選択などについて話をします。先輩方のアドバイスを聞ける機会としては、志望学部系統ごとに分かれて参加する「進路懇談会」もあります。

そのほかにも、大学の教授による出張講義など進路選択に役立つイベントも盛んに行われています。

竹鼻校長先生は「進路指導委員会が毎週発行する学年ごとの『進学通信』には、模試対策や復習方法など、その時期に合わせた勉強方法などの情報を細かく載せています。こちらも進路指導としてかなり役立っていますね。

また、手帳による指導も行っています。手帳を使って各自の勉強スケジュールを管理するというもので自学自習に大いに役立てられています」とお話しされました。

最後に、どのような生徒さんに入学してほしいかをお聞きしました。

「好奇心旺盛で、チャレンジ精神を持っている生徒さんに来てほしいです。本校には、多彩な個性と才能を持った生徒が集まっています。互いに切磋琢磨し、自分を高めたいという生徒さんを待っています。生徒の夢と学力をしっかりと育み、サポートします。クラブ活動にも大いに励み、感性と人間力を磨き、社会で活躍できる人になってほしいです」（竹鼻校長先生）

School Data

所在地 東京都豊島区東池袋1-25-22

アクセス JR線ほか「池袋駅」徒歩7分、地下鉄有楽町線「東池袋駅」徒歩2分

生徒数 女子のみ1048名

TEL 03-3983-8261

URL http://www.toshimagaoka.ed.jp/

3学期制　週6日制

月～金6時限、土4時限（第二土曜以外）

50分授業　1学年8クラス　1クラス約45名

2014年度(平成26年度)大学合格実績（　）内は既卒

大学名	合格者	大学名	合格者
国公立大学		私立大学	
北海道大	3(1)	早大	183(23)
筑波大	6(3)	慶應大	92(15)
千葉大	14(3)	上智大	97(11)
お茶の水女子大	6(0)	東京理科大	117(37)
東京大	33(5)	青山学院大	30(5)
東京医科歯科大	9(2)	中央大	49(12)
東京外大	7(1)	法政大	21(8)
東京学芸大	1(0)	明治大	115(22)
東京工大	4(1)	立教大	83(12)
東京農工大	18(3)	国際基督教大	12(3)
一橋大	12(1)	学習院大	16(6)
横浜国立大	5(0)	北里大	17(1)
その他国公立大	45(25)	その他私立大	321(129)
計	163(45)	計	1153(284)

青稜《せいりょう》高等学校

School Data

所在地
東京都品川区二葉1-6-6

生徒数
男子632名、女子498名

TEL
03-3782-1502

アクセス
東急大井町線「下神明駅」徒歩1分、JR京浜東北線・りんかい線「大井町駅」徒歩7分

URL
http://www.seiryo-js.ed.jp/

主体的に生きる個の確立をめざして

創立者・青田瀧藏氏によって、「社会に貢献できる人材の育成」をめざして設立された青稜高等学校（以下、青陵）には3つの教育目標があります。

その3つとは、くじけそうなときでも前向きに生きる強い意志を育む「意思の教育」、他人を思いやる心と豊かな感受性を養う「情操の教育」、そして、社会の一員として個性を発揮し、社会に貢献できる力を育成する「自己啓発の教育」です。青稜では、これら3つの教育目標を通して、主体的に生きる個の確立をめざした「個への対応」を重視した教育が実践されています。

「個への対応」を重視した教育

1人ひとりの学力に応じた適切な対応、いわゆる「個への対応」にとくに力を入れている青稜では、きめ細かなサポート体制が充実しています。

その1つに、基礎から応用まで細かくレベル別に分けられた多彩な「放課後講習」があげられます。多種多様な講義が用意されているため、自分の学力に応じた、いまの自分に必要な講習を選択することができます。

校内にいながらモニターを通して大手予備校の講義を受けられる「サテライト講習」も用意されています。サテライト講習後は、担当教員が質疑応答を受けつけたり、講習をふまえた独自の指導を行ったりと、青稜ならではのフォロー体制を確立しています。

さらに、定期試験前の月曜日を「質問の日」と設定し、放課後、各教室に待機する教員のもとを生徒が訪れます。この時間を使って生徒は各々の疑問を解決することができ、安心して定期試験へ臨むことができます。生徒も教員も質問に集中するため、この日はすべての部活動を禁止としています。こうした1人ひとりに丁寧な対応を行う機会を設けているのも、「個への対応」を大切に考える青稜の特色といえます。

また、春・夏・冬の長期休暇中には特訓講習を実施し、さらなる学力の向上をめざします。夏休みには青稜が保有する八ヶ岳の青蘭寮という研修施設で、夏でも涼しい気候を活かして、5泊6日の合宿学習も実施されています。青蘭寮は、八ヶ岳の豊かな自然のなかで行われる農業体験やスキー教室、新入生を対象とする新入生オリエンテーションなど、さまざまな宿泊行事でも活用されています。

こうした個の力を高める学習指導を行うことで、主体的に生きる個の確立をめざしてきた青稜高等学校。1人ひとりに向き合った丁寧な指導で、生徒たちを夢の実現へと導いていきます。

修徳《しゅうとく》高等学校

School Data

所在地
東京都葛飾区青戸8-10-1

生徒数
男子511名、女子282名

TEL
03-3601-0116

アクセス
JR常磐線「亀有駅」徒歩12分
京成線「青砥駅」徒歩17分

URL
http://www.shutoku.ac.jp/

平成26年夏 大学受験専用学習棟
「プログレス学習センター」完成

生徒を導く独自の教育プログラム

3つの観点から人間力を高める

修徳高等学校（以下、修徳）は、教育目標として、人の役に立つ喜びを味わう「徳育」、真理探究の感動を味わう「知育」、身体を鍛える楽しさを味わう「体育」を掲げています。「徳育・知育・体育」の三位一体教育により、これからの日本に必要な知性と個性を身につけた人材を育成していきます。

修徳では、豊かな人間形成を行うために、「キャリア」、「ネイチャー」、「自律・自立」の3つの観点から「修徳プログラム」を実施しています。

例えば、一流企業で働く方々の講演を聞くプログラムでは、今後の就職活動に役立つ能力を学びながら、社会に出たときに必要となる力を養います。自然と触れあう校外学習では、科学や環境などの知識を深めながら地球に親しんでいくことができます。そして、ボランティアや養護老人ホームへの訪問など、社会貢献を経験しながら、社会人としてのマナーを身につけていきます。

確かな学力を身につけ思考力を育成する

学習面では、希望する進路により、3つのコースに分かれます。

国公立大・難関有名私立大をめざす「特別進学コース」、難関・有名私立大への進学を目標とする「進学コース・文理選抜クラス」、中堅・有名私立大への合格をめざす「進学コース・文理進学クラス」です。

どのコースも、基礎的な知識はもちろん、課題を解決するための思考力の育成を大切に考えています。

そして、集中力を持って授業に臨む姿勢と家庭での学習習慣を身につけるために、修徳独自の学習サイクル「プログレス」が実施されています。

また、日々の学習内容を確かなものとするために、5教科においては、土曜日に「土曜アウトプット」と呼ばれる授業のまとめテストを配布し、家庭学習を行います。そして、翌週の月～金曜日の朝には「朝プログレス」として、全員が参加するミニテストを実施します。

ほかにも、学力上位者を対象とする講習「ハイプログレス」や基礎学力を確実なものとするための補習、効率的に予習・復習を行える映像教材などが用意されています。

こうしたさまざまなサポート体制により、生徒は確実に学力を養いながら、クラブ活動との両立を図ることができます。

特色ある独自教育を通じて、理想の未来へと生徒を導いていく修徳高等学校です。

工藤《くどう》 倫郎《みちお》 校長先生

埼玉県立

春《かす》日《か》部《べ》高等学校

男子校

FOCUS ON 公立高校

リーダーとして活躍できる人材を育てる教育を実践する伝統ある男子校

質の高い授業と早朝と放課後を活用した講習・補習による実力養成が図られている埼玉県立春日部高等学校。部活動でも好成績を収める部が多く、スーパーサイエンスハイスクール（ＳＳＨ）にも指定され、さまざまなことに熱心に取り組む生徒が多いのが特徴です。

質実剛健と文武両道を掲げた教育を行う

埼玉県立春日部高等学校（以下、春日部高）は、東武野田線八木崎駅から歩いて1分という交通至便の場所に位置する、伝統ある男子校です。１８９９年（明治32年）に埼玉県第四中学校として開校後、１９４８年（昭和23年）に新学制により埼玉県立春日部高等学校になりました。１９９９年（平成11年）には創立１００周年を記念して新校舎を建設、２０１４年（平成26年）には創立１１５年を迎えます。

校訓に掲げる「質実剛健」は、「飾りを捨て、真摯《しんし》で、心身ともに逞《たくま》しく健やかな人間であること」、教育方針である「文武両道」は「学問と武芸の両方に優れた人間であること」をそれぞれ意味しています。

「校訓である『質実剛健』は、人は見かけではなく中身が肝心なので、人として大切なこと、本質を失ってはいけないということです。そして、『文武両道』は、しっかり勉強をするのは当たり前ですが、勉強だけではなく、学校行事や部活動などを通して、人間関係を育み、仲間同士が励まし合いながら成長していくことも大切だということです。高校時代は色々なことを頑張る時期だと思うので、無理難題にも挑戦し、頭も心も身体も鍛えるようにと話しています。」（工藤倫郎校長先生）

早朝を活用した特色ある講習・補習システム

春日部高のカリキュラムは、1・2年生では文理問わず幅広い分野を学習し、3年生から文系・理系に分かれます。文系の生徒でも3年生で数学を2単位履修するカリキュラムになっています。英・数・国はそれぞれ2年生のうちに3年生で習う範囲の学習をほぼ終え、3年生では教科ごとに大学入試のための演習を中心に行っています。たとえば数学の場合、2年生の2学期半ばに数Ⅱ・Bの学習が終わると、理系志望の生徒は数Ⅲへ、文系志望の生徒は数Ⅰ・A、数Ⅱ・Bの演習問題へと進んでいきます。こうした対応が可能なのは、少人数および習熟度授業を積極的に導入しているからです。

授業以外にも補習や講習を積極的に取り入れています。

1・2年生は朝の7時30分から8時25分の間に「進学講習」が組まれています。部活動に熱心に取り組む生徒が多い春日部高では、部活動と勉強との両立を奨励するため、こうした講習が早朝に開かれているのです。3年生になり部活動を引退すると、早朝に加えて放課後にも講習が増えます。さらに添削指導をはじめとするきめ細かな個別指導、3年生では年5～6回実施される個人面談など、生徒1人ひとりにきちんと向き合った指導がなされています。

また、1年生では「基礎鍛錬講座」と称した指名制の補習を1学期は定期考査後、2学期以降は定期考査前に実施しています。学力のレベルアップをめざす生徒だけでなく、授業の理解が十分でない生徒へのフォローも怠りません。

さらに、各学年に向けた夏季講習も充実しています。2013年度（平成25年度）の3年生向けは51講座が設けられ、受講者は3年生の9割を占めました。夏季講習のほか、冬季

春日部高ではさまざまな体育行事が行われています。これらの行事の得点はクラスごとに加算されていき、1年の終わりに年間総合優勝を決めています。

講習や春季講習でも多様な講座が開講されています。

「朝読書」も春日部高の特色の1つです。進学講習後に毎日10分間行われており、1・2年生は指定図書を各自が読み進め、読後はレポートを提出します。3年生はこの10分間が大学受験のための問題演習に当てられています。

SSHのテーマは「知の構造化」

春日部高は2010年度（平成22年度）からSSHの指定を受けており、「知の構造化」をテーマとした充実した理数教育を行っています。

1年生で2クラス、2年生で1クラス編成されているスーパーサイエンスクラス（SSC）では、「SS生物」、「SS化学」などの学校設定科目をそれぞれの学年で設定しています。さらに、自分で決めたテーマを1年間にわたって研究する「SS課題研究」や、英語によるプレゼンテーション能力を向上させる「SSプレゼン」の授業、大学や研究所と連携したプログラムの数々など、理系学部、もしくは研究者をめざす生徒にとって魅力的な環境が整っています。

1年生オリエンテーション合宿

高校生活における学習方法などを指導するため、入学後に1泊2日で行われている「1年生オリエンテーション合宿」。合宿を通して新入生同士は打ち解けていきいます。

大運動会

体育行事が盛んな春日部高のなかでも、とくに盛りあがるのが「大運動会」です。「体育祭」ではなく、「大運動会」と名づけられているように、本格的な真剣勝負が行われており、全校生徒による組体操は圧巻です。

「SSCの取り組みに加えて、1・2年の全員が履修する『SS保健体育』も特徴的です。この科目は、例えば心拍計測器で心拍数を測って有酸素運動との関係性を調べたりする、いわゆるスポーツ科学の分野の授業です。授業で学んだことを部活動での科学的なトレーニングとして実践する生徒も多く、部活動の好成績にもつながっていると思います。」

（工藤校長先生）

国際交流も行われています。創立100周年を記念して始められた、オーストラリアのメルボルン・ハイスクールとの兄弟校としての交流です。隔年で交互に互いの生徒を受け入れ、異文化にふれながら両校は親睦を深めています。

成績をデータ化し進路指導を実施

春日部高では、外部の全国模試を各学年で行うことに加え、教員が作成する自校問題による実力考査も実施されています。これらの試験結果はデータとしてまとめられ、進路指導に役立てられています。

1年生の3学期には卒業生を招いて行う「進路トーク」が開催されます。在校生たちにとって身近な存在である卒業生に、高校時代の話や現在の仕事の話を語ってもらうことで、進学、そして職業選択の参考とします。そのほか、各学年に応じた内容の進路講演会が年間を通して開催され、進路意識を高めています。

また、国公立大学志望の生徒が多い春日部高では、希望者を募り、夏休みに東京大のキャンパスツアーを実施しています。

埼玉県から近い東北大の人気も高く、その人気を反映して、2013年度（平成25年度）には東北大のオープンキャンパスに参加する催しも実施されました。希望者を対象とした催しでしたが、80名もの生徒が参加し、なかでも2年生の姿が多く見られました。

このように、1人ひとりの希望を反映した授業展開や進路指導が実践されている春日部高では、生徒たちが生きいきと躍動しています。

そんな春日部高にはどのような生徒に来てもらいたいのか工藤校長先生に伺いました。

「ひと言で言うと、何事にも努力できる生徒です。高校時代は頭も心も身体も鍛えたぶんだけ伸びる時期ですので、色々なことを頑張ろう、自らを鍛えていこう、という気持ちのある生徒が社会に出ても活躍していると感じています。

また、本校は男子校ですので共学の2倍男子がいます。つまり、一生涯の友人ができるチャンスも共学の2倍あるということです。生涯つきあっていける友人を作り、その友人たちと切磋琢磨しながら学校生活を送ってほしいですね。」

修学旅行

昨年の修学旅行は広島・関西方面へ行きました。今年は沖縄で実施される予定です。

春高祭

来場者は1万人を超え、毎年盛りあがる春日部高の名物行事「春高祭」。なかでも応援指導部の「臙脂《えんじ》の集い」は人気を集め、発表が行われる体育館は毎年満員になります。

School Data

所在地	埼玉県春日部市粕壁5539
アクセス	東武野田線（アーバンパークライン）「八木崎駅」徒歩1分
TEL	048-752-3141
生徒数	男子のみ1133名
URL	http://www.kasukabe-h.spec.ed.jp/

✣3学期制　✣週5日制（隔週で土曜授業）
✣65分授業　✣月曜～金曜5限、土曜3限
✣1年生10クラス、2・3年生9クラス
✣1クラス40名

2014年度（平成26年度）大学合格実績（）内は既卒

大学名	合格者	大学名	合格者
国公立大学		私立大学	
北海道大	7(5)	早大	75(40)
東北大	13(7)	慶應大	35(16)
筑波大	14(5)	上智大	23(11)
千葉大	24(5)	東京理科大	106(72)
埼玉大	20(8)	青山学院大	29(10)
東京大	4(1)	中大	71(41)
東京外大	2(1)	法政大	72(40)
東京工大	3(3)	明大	141(63)
東京学芸大	6(1)	立教大	46(25)
東京農工大	5(4)	学習院	29(15)
横浜国立	5(2)	芝浦工大	76(57)
その他国公立大	40(24)	その他私立大	332(215)
国公立大合計	143(66)	私立大合計	1035(605)

和田式 教育的指導

勉強のスピードをあげるために必要なのは自己分析と勉強方法の研究

受験勉強はうまく進んでいますか。英語を読むのが遅かったり、数学の問題を解くのが遅くて、あまり予定通りに進んでいない人も多いのではないでしょうか。勉強のスピードをあげるためには、いったいなにをすればいいのか、今回はそのコツを伝授しましょう。

基礎学力がついているか 勉強が理解できているか

学校や塾で、隣の席の子は英語の勉強が3時間で10ページ進むのに、自分は3時間で5ページしか進まなかったとしたら、同じ時間勉強してもどんどん差がついていってしまいますよね。

つまり、これからの受験勉強でとくに重要になってくるのは、勉強をこなすスピードです。受験計画通りに勉強が進まない、という人は、まずは勉強のスピードをあげることを目標としましょう。

勉強方法をアドバイスする本はたくさん出版されていますが、そこに共通しているのは、「効率的に勉強をする方法」が書かれているということです。

「効率的に」ということは、言い換えれば「勉強スピードをあげること」になります。このことからも、勉強の速さが重要であることがわかります。

そして、そのスピードは、頭がいいか悪いかということよりも、「基礎学力がついているか」「これまで勉強した内容が理解できているか」ということで大きく変わってくるのです。

スピードアップのコツは自己分析

勉強スピードをあげるためには、基礎学力の定着をめざしますが、それと同時に「自分がなぜ遅いのか」を分析することも大切です。

例えば、英文を読む速度が遅い場合、なぜそうなのかを分析するのです。

そうすると、「英単語の暗記ができていないので辞書を引く回数が多くなってしまう」「文法に不安があり文章の意味がうまくとれない」といったような具体的な理由がわかるはずです。

理由がわかれば、英単語の暗記に力を入れる、文法を基礎から復習し身につけるというように対処方法もわかります。

自己流に満足せず 色々な勉強方法を試す

どんなスポーツでも、最初はやり方をしっかりと教わります。例えばゴルフで、自己流でクラブを振っていてうまく前に飛ばすことができない場合、その振り方で1000回振ったとしても上達することはありませんよね。1000回の練習時間もムダになるうえ、間違ったフォームが身についてしまうでしょう。

勉強についても同じです。勉強スピードをあげることができないのは、自己流で行っている勉強方法が自分に合わず、効率が悪くなってしまっている場合が多いのです。

勉強していて、「もっと早く進められないか」「いまの状態には満足していない」というときには、勉強のやり方を変えてみるのも解決方法の1つです。さまざまな勉強方法についての本を読んでみたり、先生や友人に相談してみるなど、自己流で満足せずに新たな方法をどんどん試してみるといいでしょう。

Hideki Wada

和田秀樹

1960年大阪府生まれ。東京大学医学部卒、東京大学医学部附属病院精神神経科助手、アメリカのカールメニンガー精神医学校国際フェローを経て、現在は川崎幸病院精神科顧問、国際医療福祉大学大学院教授、緑鐵受験指導ゼミナール代表を務める。心理学を児童教育、受験教育に活用し、独自の理論と実践で知られる。著書には『和田式　勉強のやる気をつくる本』(学研教育出版)『中学生の正しい勉強法』(瀬谷出版)『難関校に合格する人の共通点』(共著、東京書籍)など多数。初監督作品の映画「受験のシンデレラ」がモナコ国際映画祭グランプリ受賞。

和田先生のお悩み解決アドバイス!!

Question

受験勉強をやる気がなかなか起きません

Answer

受験勉強は自分の将来につながることを忘れずに

受験勉強のやる気が起きない場合には色々なケースがあると思いますが、なかでも中学受験生に多いのは、「勉強をしてもなんのためになるのかがわからないからやる気が出ない」というパターンです。

いまのように多くの人が高校へ、そして大学へ進学するようになる以前は、勉強をしてよい大学へ進むことは「将来豊かな生活をするために必要だ」という発想が強くありました。ところが、量販店に行けば洋服が1000円で買えてしまうような、物質的に恵まれた現代社会では、勉強してよい大学へ行くことが将来に結びつくという意識が薄く、なかなかやる気が起きない場合もあるようです。

しかし、学歴や学力が自分の将来に役立つということはいまも昔も変わりありません。「勉強がなんの役に立つのかわからない」という思考を変えて、「受験勉強を頑張っていい学校に入れば、必ず自分の将来に結びつく。ムダな勉強はないんだ」ということを強く意識するようにしましょう。

世界の先端技術

search **Leveraxe**

教えてマナビー先生！
今月のポイント

キャンプで大活躍は間違いなしてこの原理を応用して誕生したまき割りが簡単で楽しくなる斧

写真右のとがった部分が木に食い込んだ瞬間、左の飛び出した部分の方に回転し、てこの原理で木が割れる仕組みのLeveraxe（てこ斧）

キャンプに行ったときに斧《おの》を使ってまきを割った経験があるだろうか。斧は重たいので使うのが難しいよね。頑張って振り下ろしても、割ろうとしている木にうまく当たらなかったり、木の固さで跳ね返ったり、木に食い込んでしまい抜けなくなったなんてことがなかったかな。

今回紹介するLeveraxe（レバアクス）は「てこ」の原理を応用した斧なんだ。Leverという単語は日本語で「レバー」、つまり「てこ」という意味、axeは「斧」だよ。

いままでの斧は振り下ろす力で斧の先の楔《くさび》が木を割っていた。力を楔にしっかりと伝えるために楔部分は重くできていたんだ。そのため、力の弱い子どもや女性には、まき割りは大変な仕事だった。キャンプでもまきを作るのはいつもお父さんの仕事だったんじゃないかな。

このLeveraxeはまき割りのためにだけ作られた斧だ。写真を見てほしい。斧の楔部分はいままでの斧と違って、左右非対称の形になっていて、上の方が片側に飛び出している。斧の軸の中心からずれたところに楔の重心がくるようになっているけど、楔自体はそんなに重くできていない。斧を振り下ろすと、楔が木に食い込む。重心がずれているために楔の運動エネルギーは真下に力がかかるのでなく、次の瞬間、食い込んだ先を中心に、写真の左側に回転する力が働いていくようになっている。

楔の刃の先と食い込んだ木の端との間にてこの原理が働き、割ろうとする力が増幅されるようになっているわけだ。てこの原理で、大きな力をかけなくても回転力によって木を「割りさく」イメージだ。だからLeveraxe（てこ斧）と名付けられたんだね。

いままでの斧は重くて扱いづらかったため、まき割りは、結構危険な作業だった。

新しい斧Leveraxeはそんなに重くないので、力もあまり必要がない。そのため振り下ろすときに目標を外すことも少ない。楔部分が抜けて飛び出してしまわないような構造にもなっているし、柄の部分が少し長くなっていたりと安全だ。

こんな斧ならば君たちも気持ちよくまき割ができるのではないだろうか。自分の割ったまきでキャンプファイヤーや料理ができると楽しいよね。

▶マナビー先生
日本の某大学院を卒業後海外で研究者として働いていたが、和食が恋しくなり帰国。しかし科学に関する本を読んでいると食事をすることすら忘れてしまうという、自他ともに認める“科学オタク”。

※このページは33ページから読んでください。

《例文の意味》
I'm going to visit my uncle next week.
＝私は来週、おじさんのところを訪ねる予定だ。

次は、（2）だ。ヒントは、
to say or do something again
＝再びなにかを言ったりやったりすること
というのだから、「また同じことを言う、また同じことをする」という意味の単語で、語頭がrで語尾がtの6文字のものはなんだろう？　思いつかないかな。同じことをするのは「繰り返す」ことだよね…そう、repeatだ。正解はr[e][p][e][a]t。

解答　（2）　repeat

《例文の意味》
Please repeat the word after me.
＝どうぞ私の言う言葉を繰り返して言ってください。

（3）はどんな語だろうか。ヒントは、
to help someone who is having a difficult time
＝難しい時間を持っているある人を助けること→困難に出会っている人を応援すること
だね。こういう意味で、語頭がsで、語尾がtの7文字の単語だ。なかなか思いつかないかもしれない。
じゃあ、サッカーを思い浮かべてみよう。ひいきチームの選手たちが試合で戦っているとする。だが、相手チームは強い。負けそうだ。勝つのは困難だ。そういうとき、「頑張れー」と一生懸命に応援する観客がたくさんいる。そういう人たちをなんというだろう？　そう、サポーターだね。
どうだい、答えがわかったろう。そう、サポートだ。え、スペルがわからないって。この際、しっかり覚えよう。正解はs[u][p][p][o][r]tだ。

解答　（3）　support

《例文の意味》
I'll support you when you have a problem.
＝君に問題が起きたら、私が手助けしよう。

最後に（4）を考えよう。ヒントは、
the number 1000
＝1000という数
ということだ。1000という意味で、tから始まってdで終わる8文字の単語だ。これは易しいね。でも、なんのことかわからない人もいるだろう。そういう人のために基礎の基礎から説明しよう。
1はoneだ。10はtenだ。100は？　hundred（正しくはa hundredまたはone hundred）だね。では、千は？　そう、thousandだよ。正解は、t[h][o][u][s][a][n]d。

解答　（4）　thousand

《例文の意味》
We have about one thousand students in the school.
＝私たちの学校には学生が約1000人いる。

今回は、神奈川県と千葉県の問題しか取り上げなかったが、それでも英語では、数学のようにいかにも基礎だというような問題は出ないということがわかったと思う。じつは東京都や埼玉県の英語問題は、単純な出題ではなく、基礎から応用まで、総合的に問う問題だ。だから、単語力はもちろん、文法力もしっかりつけてはじめて入試問題に取り組むことができる。「少しぐらい基礎を手抜きしてもなんとかなるだろう」などと気を抜いてはいけないよ。
ん？「公立高の出題傾向はわかりました、でも私は私立高を志望してるんですが…」だって？　そうかそうか、そうだね。私立高についても説明しないのはよくないね。えー、私立高はさまざまで、平易な基礎問題しか出さないという学校もあれば、「基礎問題？　なんですか、それ」、というような、かなり難しい問題ばかりの学校もある。だから、私立高志望者は、1日も早く志望校を決めて過去問集を手に入れて、出題の難易度と傾向をしっかりと把握しよう。そこから、合格へいたる道への第1歩が踏み出せるのだ。
では、次号の国語でまた会おうね。なお、次々号からは「今年出たおもしろい問題」シリーズを始めるつもりだよ。

だから、Will you tell me how to ～は、「～の仕方を教えてください」という意味だね。

get to the station は「駅に行き着く」ということで、how to get to the station は「駅への行き着き方→駅への行き方」だ。正解は４。

解答	（イ） 4

＜問題文の意味＞

Will you tell me how to get to the station ?

＝駅へ行く道を教えてください。

（ウ）は基礎問題ではなく、だいぶ程度が高い。問題文は、The game those students are playing now の部分が主語だ。

もっと詳しく言うと、The game が主語で、those students are playing now は The game の説明部分になっているんだ。

The game those students are playing now

＝試合　＋　あの学生たちがいまやっている

＝あの学生たちがいまやっている試合（は）

game は試合でなく、競技でも勝負事でもゲームでもいい。

look ～は色々な語意を持っているが、この文なら、「～のように見える」とするとわかりやすい。つまり、「The game が exciting に見える」ということだ。

この文の主語の The game は、第三人称で単数だから、動詞 look は語尾に s を付けて looks としなければならないね。正解は２だ。

解答	（ウ） 2

＜問題文の意味＞

The game those students are playing now looks exciting.

＝いまあの学生たちがやっている試合は、わくわくしているように見える。

続いて、千葉県の問題をみてみよう。

次の（1）～（4）の英単語を，それぞれのヒントと例文を参考にして完成させなさい。ただし，英単語の□には**１文字**ずつ入るものとします。なお，例文の（　　）にはその英単語が入ります。

（1） u□□□e

　ヒント　the brother of your mother or father

　例　文　I'm going to visit my（　　）next week.

（2） r□□□□t

　ヒント　to say or do something again

　例　文　Please（　　）the word after me.

（3） s□□□□□t

　ヒント　to help someone who is having a difficult time

　例　文　I'll（　　）you when you have a problem.

（4） t□□□□□□d

　ヒント　the number 1000

　例　文　We have about one（　　）students in this school.

千葉県の問題は単語力を試すものだ。だが、ただ単語の意味を丸暗記しているだけのような人は困ってしまうだろう。答えるためのヒントがあるが、それも英語で記されているし、例文も英文だ。

単語を答える基礎問題だと思ったら大違いで、じつはそれなりの力が必要だ。これでわかったね。数学と違って、英語は一目見てすぐに答えられるような、単純な問題はほとんど出ない。最も易しい問題でも、ここにあげたようなレベルなのだ。

では、解き始めよう。（1）は、u で始まり e で終わる５文字の単語だ。ヒントは、

the brother of your mother or father

＝あなたの父母の兄弟

父親や母親の兄弟というのだから、自分にとっては「おじさん」になるね。すなわち uncle だ。

正解は u[n][c][l]e。

解答	（1） uncle

※このページは33ページから読んでください。

教育評論家 正尾 佐の

高校受験指南書

【九拾の巻】

今年出た基礎的な問題2

英語

「今年出た基礎的な問題」シリーズ第２回目は英語にしよう。中３生に「苦手な教科、嫌いな教科はなんですか」というアンケートをとると、英語がトップになることが多い。英語嫌いから抜け出すには、やはり基礎力をつけることだよね。

じゃあ､英語の基礎ってなんだろう？　人によって（英語の先生によって)､「基礎とは○○だ」という、その○○の中身が微妙に異なる。

だが、高校受験を念頭に置くと、実際に出される入試問題を見てみるのが手っ取り早い。前号で紹介した数学の問題のように、大抵最初の問題は基礎的な問題だからだ。

というわけで、まず神奈川県の英語の最初の問題を取り上げよう（もちろん、今年の２月に行われた入試の問題だよ)。

次の（ア）～（ウ）の文の（　　　）の中に入れるのに最も適するものを，あとの１～４の中からそれぞれ一つずつ選び，その番号を書きなさい。

（ア）　Have you ever (　　　) her before ?
1. see　2. saw　3. seen　4. seeing

（イ）　Will you tell me how (　　　) to the station ?
1. get you　2. getting　3. can get　4. to get

（ウ）　The game those students are playing now (　　　) exciting.
1. look　2. looks　3. are looking　4. look at

動詞についての基礎問題だ。全問正解といきたいものだね。詳しい解説はいらないだろうが、ただ答えを言うだけでは、「？」と思う人もいるかもしれないから、簡単に説明しよう。

（ア）は《Have＋S（主語）＋PP（過去分詞）?》という型だ。現在完了の疑問文だね。HaveとSの間にeverを入れて《Have＋S＋ever＋PP ?》となると「～したことがあるか？」という疑問文、経験の有無を尋ねる疑問文だ。

１のseeは原形（基本形)、２のsawは過去形、３のseenは過去分詞､４のseeingは現在分詞（または動名詞）だ。で、正解は３だね。

解答　（ア）　3

ここで､「現在完了」なのに、なぜ「過去分詞」を使うんだろ？　と思った人はいないかな。すばらしい「？」だぞ。その答えをここに長々と書くわけにいかないので、学校や塾の英語の先生に尋ねてほしい。そうすれば､「完了」とはどういうことか､きっとよく理解できるだろう。

英語嫌いだと「完了って、過去とどう違うの？　わかんないよ」という人が多いのだが、その違いがわかってしまうと、一気に英語好きになるかもしれないぞ。

＜問題文の意味＞
Have you ever seen her before ?
＝前に彼女に会ったことがありますか。

（イ）は､《Will＋S（主語）＋V（原形動詞）?》という型だが、問われているのはそれではなくて､《how＋to＋V》だ。

これは「どのように（how）する（V）か→やり方」という意味の句だよね。例をあげよう。

how to read＝読み方
how to read an English book＝英語の本の読み方

Will you tell me ～は､「あなたは～を私に語ってください→私に～を教えてください」という、人に頼むときの言葉だ。

WASE-ACA TEACHERS

宇津城センセの受験よもやま話

子どもたちから教えてもらったこと

宇津城 靖人先生

早稲田アカデミー　神奈川第二ブロック　ブロック長
兼 センター北校校長

進学塾というところに身を置き、日々生徒と接していくなかで、子どもたちから教えてもらうことがたくさんある。自分はたいした人間ではないが、生徒の前に立つときくらいはいい人間でありたいと思い、自然と人間性を高めてもらってきたのだと思う。きっとどの親御さんも、教師と呼ばれる人たちも同じようなことがあるのではないか。生まれたときから親であるわけではなく、また教師であるわけでもない。日々子どもと、生徒と接していくなかで、そういった素養が磨かれていくのではないだろうか。少なくとも自分はそうだった。

人さまのお子さまをかわいいと、父性を持って感じられるようになったのも日々を重ねていくなかで培われたことで、さまざまな経験を積んでいくうちに、世間の子どもたちを見る目が変わり、「子どもたちは守り育むべき存在である」と強く思えるようになっていった。そんな経験のなかで、とくにこれは教えてもらったというケースをご紹介したい。

Aくんは塾内でも問題行動が多い生徒だった。別の生徒のカバンから電子辞書を抜き取り窓から捨てたり、文房具を盗んでしまったりという事件を起こしていた。

成績は偏差値で40程度。ときには30台の偏差値になってしまうこともあった。成績は振るわない、問題行動を起こすなど、懸命に学習に取り組む姿とはほど遠い状態にあった。問題行動が発覚し、事情を詳しく聞いているなかで、彼はいつもウソをついた。「自分は悪くない」と思わせるための言い訳、口実がどんどん口をついて出てくる。

徐々にエスカレートし、ありえない理論で自分を守る。「そのペンが勝手にぼくのカバンに入っていたんです」などと、口から出まかせが絶え間なく、よどみなくすらすらと出てくる。自分に都合のいいように物事を解釈する能力が極めて高く、内省的に自分の落ち度や行動の非を認めることができない気質だった。

Bくんはとても賢く、成績は偏差値で60を超えることもあるような生徒だった。しかし学年があがるにつれて、次第に成績は下降線をたどり、クラスが下がりという状態になっていった。本をよく読み、さまざまな事象に精通しているが、空想的なところが欠点としてあり、宿題のテキストの隅っこには暴力的な落書きが書かれていたりもした。

話をすると「この子は頭のいい子だなあ」と思えるような秀才ではあったが、彼もAくんと同じような問題行動を起こした。彼のそばに座った生徒の何人かが「物がなくなる」と訴えてくるようになったのだった。Aくんと同様にBくんにも事情を聞くと、本当に上手にウソをつく。明らかにBくんがそれらの物をとったことは間違いがないのだが、それを「冤罪である」「やりもしていないことで疑われるのは心外だ」と主張し、Aくんと同様に自分に都合がいいように物事を解釈して、理論武装をしてごまかそうとするのである。

彼らはなぜそのような問題行動を起こしてしまったのか。AくんとBくんに共通して言えるのは、その保護者の方々のかかわり方であった。当然ながらこうした出来事があれば保護者の方をお呼びして状況の説明をし、被害者となってしまった生徒さんの保護者の方への謝罪や補償をお願いすることになる。Aくんの保護者の方にお話しさせていただいた際、まず言われたのは「塾はどういう管理をしているのか」ということである。

いわく、自分の子がそのような行動をとってしまったのは管理側に問題があったからだとのこと。子どもが窃盗をしないように管理するのが塾の仕事であると。確かに一理あるともいえるが、そもそも窃盗をしないように指導をするのが塾の仕事であるとは思えなかった。塾の授業で「道徳」のテキストを用いて、「なぜ人の物をとってはいけないか」を教えろとでもいうのだろうか。そんなのはナンセンスだと率直に思ったものだ。

また、Bくんの保護者の方とお会いした際に言われたことも衝撃だった。その場に居合わせた泣いているBくんに向かって、「あんたなんてことしたの！　そういうことするとあたしが先生に叱られるでしょ!!」

大切なことは自分のメンツなのだろうか。ぼくがお母さんを叱ったことなんてまったくなかったのに。唖然とした。

これらの事象から導き出されることは1つ。志向性が保護者の方から子どもたちに受け継がれただけのことなのである。AくんBくんがやってしまった行為自体には問題があり、責められるべきことではあるし、謝罪や補償が必要となるだろうが、ぼくは子どもたちに罪はないと思っている。

罪深いのは親の方だ。己を内省的に見つめ、まずは非を認めて謝罪をするという姿勢を子どもに教えていないどころか、自らが保身のためにほかを責めることしかしない。そんな親を見て育てばウソもつくようになってしまう。

AくんもBくんも「子ども」という弱者の立場であったため、家庭では「攻撃される」側にいつもいたのであろう。親に叱られないためにウソをつくことが習慣化していたのだ。それが繰り返されるうちにどんどん上手にウソがつけるようになっていった。ウソをつくことへの罪悪感が薄れていった。そんなところだろう。

人はウソをつくとき、罪悪感を持つかストレスを感じるものであるはずだ。親の顔色をうかがいながら、ウソをつき続けていたAくんとBくんのストレスはいかばかりのものだっただろうか。抑圧された状態がずっと続けば、今回のような窃盗行為や問題行動にいたるだけの負のエネルギーとなってしまうのは容易に想像できる。だから我々講師というものが気にしなければならないのは、問題行動が起こったときに、その裏側にある背景や動機に思いをめぐらせることである。

性善説を信じるほどお人よしではないが、子どもがなんらかの問題行動を自ら進んで行っていくとは信じたくないのである。そこには必ず行為にいたるだけの理由が存在し、その理由は注意をしてみないとわからないものである。成績をあげ、合格をさせることが塾の使命ではあるが、合格にいたるためにもお子さんが抱えている問題が少なければ少ないほどいいことはご同意いただけるだろう。

私はこれらの事件を通じて、子どもの向こう側にいる親の存在を意識して生徒を見るようになった。大半はすばらしい、愛情深い保護者の方々がほとんどで、私どもが生徒を自分の子どものように愛そうとすることに共感してくださるのだが、なかにはそうではない方もいらっしゃることも、悲しいかな現実なのである。

勉強を教える手前の教育の部分であり、私どもが口を出すのはおこがましいことだろうが、そこを見て見ぬふりをしても、学習効果をあげることができないのが本当のところなのである。

その後、Aくんのお父さまとはたくさんお話をさせていただき、お父さまは自らのお子さんへの接し方を反省され、たくさん話をしてくださるようになった。

そうしてAくん自身も自らを反省して受験勉強を頑張るように成長し、結果として彼は見事な逆転合格をしてくれた。

40台の偏差値だった彼が、60近い学校に合格したときは涙が出た。お父さま、お母さま、Aくんとがっちりと握手をしながらみんなで泣き、笑い、感動のフィナーレだった。我ながらいい仕事をしたなあと思うと同時に、こういうことがあるからこの仕事を辞められないのだと強く実感した。

一方、Bくんとお母さまは残念ながらその後すぐに塾をおやめになってしまった。限界があることを痛感したケースだった。

こういったさまざまなケースを経験していくなかで、自分のなかに「正しいこと」「正しくないこと」の価値基準が明確になっていったのがとても大きかった。子どもたちに高めてもらったのはこの感覚だ。塾として合格をめざし受験勉強を教えるといっても、単に解法や覚えるべき知識を与えるだけの場所にはなりたくない。生徒にとって、勉強を教えるのが上手なだけの先生になりたくない。生徒たちが将来にわたって活躍できるように、そしてもし困ったときにはぼくたちを思い出して、あのとき自分は頑張れたのだから、今回も大丈夫だと自信に変えてほしい。そういう思いを持てるようになったのは、すべてこれまでの生徒たちの「見えない力」のおかげなのだ。

WASE-ACA TEACHERS

東大入試突破への現国の習慣

国語

なんでも「習慣化」することで、桁違いの効果が発揮されるのです!

田中コモンの今月の一言!

田中《たなか》 利周《としかね》先生

早稲田アカデミー教務企画顧問

東京大学文学部卒。東京大学大学院人文科学研究科修士課程修了。文教委員会委員。現国や日本史などの受験参考書の著作も多数。

慇・懃・無・礼?! 今月のオトナの四字熟語「予知能力」

「未来におこる出来事を、あらかじめ知ることのできる能力」これが予知能力ですよね。皆さんも「期末テストには何が出題されるのだろう? あ〜ぁ、問題を夢で見ることができたらいいのに〜」なんて思ったことはありませんか?「アベノミクスでこんなに株価が上昇するんだったら、安いときに買っておけばよかった!」と、後の祭りを嘆くオジサンたちも「予知能力でもあればなぁ〜」と、キミたちとかわらない思いを抱いていることでしょう(笑)。先月号では「将来のことを思い悩んでもしかたがない」というお話をしました。なぜならば「誰にも未来のことはわからないのだから」という理屈でしたね。すると「予知能力」なんて夢想するだけ時間のむだ! という結論になりそうなのですが…ここで告白してしまいましょう! 私、田中が東京大学に合格できたのは、予知能力のおかげであると。

東京大学文系の入学試験では数学の問題が四つだけ出題されます。一問20点で80点満点のテスト。たった四問です。試験時間は百分。解答用紙のスペースが一問ごとにB4の紙一枚分ずつ。一問につき30分近く時間をかけながら、君たちが使うノートよりも大きな真っ白い解答用紙に、もくもくと答案を書きつけていかなくてはならないのです。

センター試験の得点を除いた、東大文系二次試験の「合格最低点」は50%台。六割も得点できれば十分に合格できるのです。しかも、あくまで各試験科目の「合計点」での合格ラインの決定になりますので、英語はもちろん国語や社会も得意としていて点数を稼ぐことができるというなら、数学は極端なハナシ0点でも、合格することは可能であるということになります。ただしこれは「皮算用」での話。数学80点中の六割、50点近くを他の得意科目でカバーするなんて芸当は、本当に至難の業になります。

私も文学部進学者の例にもれず? 数学を大の苦手としておりました。実際に東大模試のたぐいでは0点でした…とまでは言いませんが、四問ある中のどの問題も「答えを出せない」という状況が当たり前だったのです。お情けの「部分点」をもらうのが精一杯でした。ですから入試本番前の意気込みは「一問でもいいから解きたい!」というものでした。20点取れれば他の科目でカバーして合格ラインに乗せてみせる! という悲壮な覚悟で臨んだものです。

結果はというと「二問完答・一問半解・

一問白紙」という、模擬試験では一度もできなかった「完答」（大問一題を完全に解ききること）を成し遂げたのでした。理由は簡単。予知能力によって準備していた問題が一問、そっくりそのまま出題されたからです！ 一問完答できたことで気持ちに余裕がうまれ、気楽に取り組んだもう一問も完答してしまい、あわよくばもう一問！ と手を出した問題も、途中までの部分点を獲得できる段階まで解き進めることができました。残る一問は、最初に見た瞬間から「これは解けない。捨てる！」という難問でしたから、百分の試験時間で、自分にとって最高の答案を作り上げることができた！ という実感がありました。

東大が入試結果を情報公開するようになる随分前の話ですから、実際に数学で何点取れていたのかは、わかりません。けれども、最初に完答できた数学の一問がなければ、合格することはできなかっただろうと思います。その命運を分けた一問について、予知能力によって準備していたからこそ、解くことのできた問題だった！ と言いたいのです。

皆さんのいぶかしがる表情が目に浮かびます。「まゆつば物だなぁ～」とね。そりゃ、夢で問題を見たわけではありませんからね。「じゃあ、どこで問題をあらかじめ見ていたの！」って？ それは「数学の授業」で習った問題だったのですよ。「なにそれ？ 予知でもなんでもないじゃない！」という声が聞こえてきそうです。「問題を当てた先生がいるっていうこと？」「その先生に予知能力があるっていうこと？」「入試問題研究をしていた数学の先生が立派だったっていうこと？」まぁ、そうまくしたてないでください。君たちにも当てはまる予知能力の実際について、お話ししましょう。

皆さんはこれまでに数学の問題を「何問」解いてきましたか？「数え切れない」と言えるのではないでしょうか。数学の授業で扱った問題、参考書や問題集で取り組んだ問題、それこそ星の数ほどの問題をこなしてきているわけですよね。テストには「出題範囲」が存在します。ですからテストとは、必ず「やったことがある問題」が出題されるものなのです。つまり、受験生は「やったこと」を「再現」できればいいだけなのです。

「そんなこと言ったって、星の数ほどある問題のうち、どれがテストに出るかわからないじゃない！」その通りです。だからこそ、ここに予知能力が必要となるのです。「そんな都合のいいことがあるわけないじゃない！」と思っている皆さん。皆さんにもあるのです！ 予知能力が！

「この問題は難しい！ いやだなぁ、テストに出たら。」これが「予知」の中身です。皆さんには分かっているんですよ。「この問題が出題される！」っていうことが。「出たらいやだなぁ」は「テストに出る！」という予知能力が働いている証拠です（笑）。このことに気づいたら「勝ち」なんです。あとは再現できるまで覚えてしまうだけなんですから！

だまされたと思ってやってみてください。「いやだ、と感じたら、これこそがテストに出る！ と思い直して、本気で取り組む」この積み重ねが習慣となり、合格を呼び込むのです！ 皆さんもこの「勝ち」パターンを習慣化してくださいね。桁違いの結果が待っていることになりますから。

グレーゾーンに照準！ 今月のオトナの言い回し「包括的な」

「すべてをひっくるめて」という意味を表す言い回しです。一つひとつではなく、全体をまとめて、という意味になります。少し前にはやった表現に「まるっと」という言葉がありますが、これは「まるごと、全部」を意味する愛知県周辺地域の方言だそうです。意味合いは全く同じですね。「包括的核実験禁止条約」も「まるっと核実験禁止条約」といえば分かりやすいでしょう。「宇宙空間、大気圏内、水中、地下を含むあらゆる空間での核兵器の核実験による爆発、その他の核爆発を禁止する条約」という意味ですから。

さて、この「包括的」という考え方ですが、実は人間の脳には非常に馴染みやすいという性質があります。なぜなら、人間の脳は「概念」としてものごとをとらえるクセがあるからです。ライオン・シマウマ・キリン…といった具体的な生き物を、「動物」といって一くくりにするのも一例です。「一言ですませられる」ということに価値を置くのです。脳にとってはその方がラクだからです。

ところがこの包括的なとらえ方には落とし穴があります。「一言ですませられるのに、いざそれを実行しようとすると、とても難しくなる」という点です。たとえば「勉強する」という言葉も包括的な概念です。「よし、勉強するぞ！」というのは、脳にとって都合のいい？ 表現なのです。口にするには便利ですから。ところが、いざ実行するとなると…具体的なイメージがともなわなくて、何をすればいいのか分からないままなのです。

すぐに実行できるようになるためには「まるごと、全部」ではなく「部分に、分解」を心掛けるべきです。「勉強する」ではなく「英単語を覚える」というように。実際に行う内容にまで「分解」することが重要なのですよ！

解答図

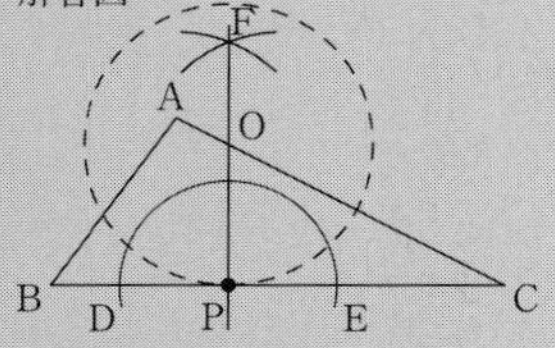

＜考え方＞

条件に適する円が描けたとすると、辺BCは円Oの接線なので、半径OPと辺BCは垂直に交わります。

＜解き方＞

①Pを中心として円弧をかき、辺BCとの交点をD、Eとする。

②D、Eを中心として同じ半径で円弧をかき、交点をFとする。

③直線FPと辺ACとの交点をOとする。

＊辺上の点を通る垂線の作図は、∠BPC（＝180°）の２等分線を作図すればよいことになります。

次は、正四面体に関する問題ですが、実際に作図するのは二等辺三角形です。

問題2

図１に示した立体ABCDは正四面体であり、点Mは辺CDの中点である。

図２に示した線分ABをもとにして、平面上に表したときの△MABを、定規とコンパスを用いて作図し、頂点Mの位置を示す文字Mも書け。　（都立・日比谷）

図1

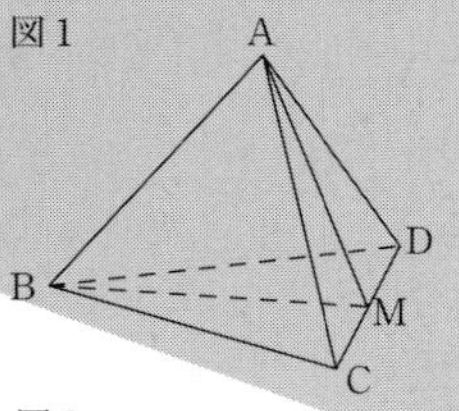

図2

＜考え方＞

AMとBMの長さは、ABを１辺とする正三角形の中線の長さに等しいので、まず、ABを１辺とする正三角形を作図することになります。

＜解き方＞

①AおよびBを中心として、線分ABの長さを半径とする円弧をかき、その交点をP、Qとする。

②P、Qを結び、ABとの交点をRとする。

③Aを中心として、線分PRの長さを半径とする円弧をかき、PQとの交点をMとし、MとA、MとBを結ぶ。

解答図

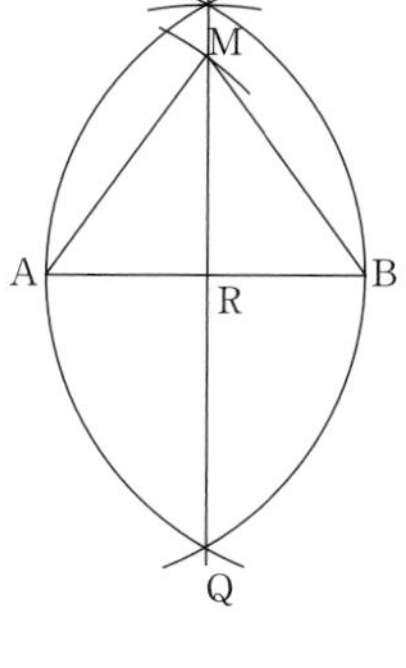

最後は、図形の移動に関する作図で、回転移動の問題です。

問題3

図１の△ABCは、∠ABC＝90°の直角三角形であり、点Pは△ABCの外部にある点である。△ADEは、△ABCを頂点Aを中心として、辺BCが点Pを通るように、回転移動させたものであり、辺DEが点Pを通る場合を表している。

図２で示した図をもとにして、△ADEを作図せよ。　（都立・新宿）

図1

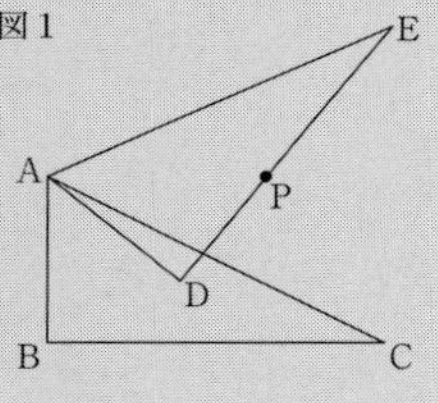

図2

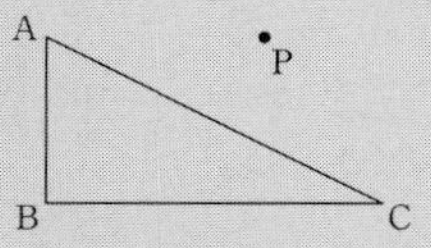

＜考え方＞

点Pが、辺BC上の点Qが移った点だとすると、点QはAを中心として、線分APの長さを半径とする円周上にあります。

点Qの位置が定まれば、∠PAQの大きさが回転角に当たります。

解答図1

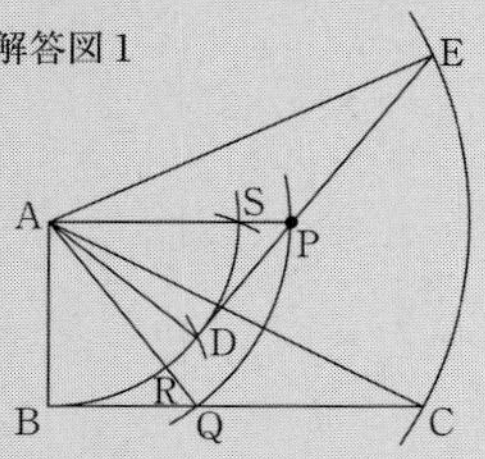

＜解き方＞

①Aを中心として、線分APの長さを半径とする円弧をかき、辺BCとの交点をQとする。

②Aを中心として、辺ABの長さを半径とする円弧をかき、線分AQおよび線分APとの交点を、それぞれR、Sとする。

③Bを中心として、線分RSの長さを半径とする円弧をかき、弧BSとの交点をDとする。

④Aを中心として、辺ACの長さを半径とする円弧をかき、DPの延長との交点をEとし、AとEを結ぶ。（解答図１）

＊上の解答図１で、∠BAD、∠CAEの大きさは、∠PAQの大きさと等しくなっています。

最後はやや難しくなりましたが、完成予想図から図形の性質を考えて、基本作図を組み合せていくことに変わりはありません。

作図の問題に取り組んでみると、基本の垂直二等分線、角の二等分線、垂線の性質、さらに、図形の移動や合同などの基本事項の理解が問われることがよくわかります。今後の図形の学習のためにも、一度しっかり練習しておくことをおすすめしたいと思います。

WASE-ACA TEACHERS

数学

楽しみmath数学！DX

基本パターンを活用して作図の問題に挑戦

登木 隆司先生

早稲田アカデミー　城北ブロック ブロック長
兼 池袋校校長

今月は、作図の問題を学習していきます。

ここでの「作図」は、定規とコンパスだけを使って行いますが、覚えておかなくてはならない基本の作図は、次の3つです。色々な作図の問題も、ほとんどがこの3つの組み合わせになっていますし、基本作図の問題がそのまま入試で出題されることも少なくありませんので、確実に身につけておく必要があります。

(1)垂直二等分線の作図

①線分の両端A、Bを中心として、同じ半径で円弧をかく。

②交点をP、Qとすると、直線PQが線分ABの垂直二等分線となる。

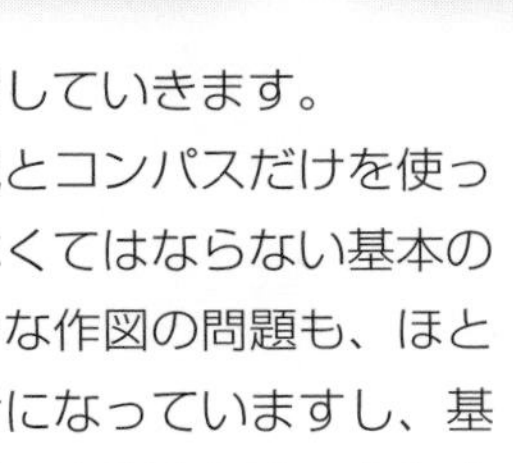

(2)角の二等分線の作図

①角の頂点Oを中心として円弧をかき、辺OX、OYとの交点をA、Bとする。

②A、Bを中心として同じ半径で円弧をかき、交点をPとする。

③半直線OPが∠XOYの二等分線となる。

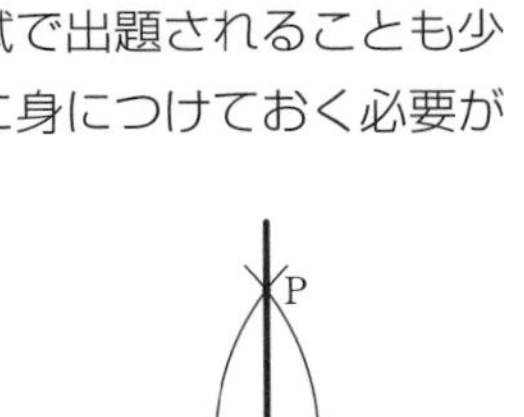

(3)垂線の作図

①Pを中心に弧をかき、lとの交点をA、Bとする。

②A、Bを中心に等しい半径で弧をかき交点をQとする。

③P、Qを結んだものがPからlへの垂線となる。

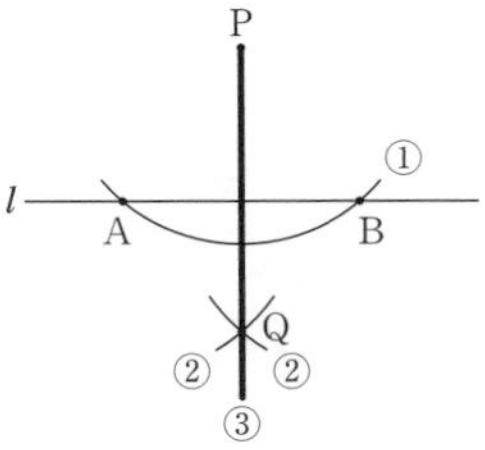

続いて作図の応用問題を見ていきましょう。大切なことは、「条件に当てはまる図が描けたとしたら、どのようなことが成り立つか」を考えることです。具体的にどういうことか、よく出題される円の中心の位置を作図する問題で見ていきましょう。

問題1

右の図のような△ABCと辺BC上の点Pがある。PでBCに接し、辺AC上に中心がある円の中心Oを作図によって求めなさい。ただし、作図には定規とコンパスを使い、また、作図に用いた線は消さないこと。　　　　（栃木県）

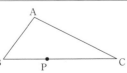

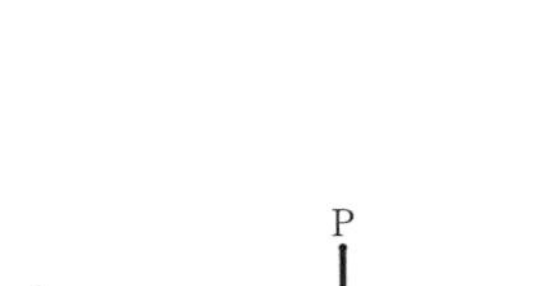

英語で話そう！

川村 宏一先生

早稲田アカデミー　教務部中学課
上席専門職

朝がちょっぴり苦手な中学３年生のサマンサは、父（マイケル）と母（ローズ）、弟（ダニエル）との４人家族。

サマンサは友人のリリーといっしょに学校から帰る途中、明日が弟の誕生日であることを思い出しました。こっそりバースデーケーキを準備し、弟を驚かせようと考えたサマンサは、リリーと別れたあと、スーパーマーケットに急ぎました。

2014年５月某日

Samantha：I have to go to the supermarket.…①
サマンサ　：スーパーマーケットへ行かなくちゃ！

Lily　　：Why do you have to go ?…②
リリー：どうして行かなくちゃいけないの？

Samantha：Tomorrow is my brother's birthday.…③
　　　　　So I need many eggs to make a birthday cake.
サマンサ　：明日は弟の誕生日なの。
　　　　　だから、バースデーケーキを作るために、たくさん卵が必要なの。

Lily　　：Really. Do your best.
リリー：そうなんだ。頑張ってね。

Samantha：Thank you. See you again.
サマンサ　：ありがとう。またね。

今回学習するフレーズ

解説①　have to	強い必要性を表す助動詞 (ex) You have to get up early every day. 「あなたは毎日早く起きなければなりません」
解説②　why	理由を尋ねる表現 (ex) Why did you go there alone? 「なぜあなたはそこに１人で行ったの？」
解説③　to＋動詞の原形	目的を表す不定詞 (ex) He had to study hard to be a doctor. 「彼は医者になるために一生懸命勉強しなければならなかった」

ミステリーハンターQの
歴男歴女養成講座
春日 静
中学1年生。カバンのなかにはつねに、読みかけの歴史小説が入っている根っからの歴女。あこがれは坂本龍馬。特技は年号の暗記のための語呂合わせを作ること。好きな芸能人は福山雅治。
山本 勇
中学3年生。幼稚園のころにテレビの大河ドラマを見て、歴史にはまる。将来は大河ドラマに出たいと思っている。あこがれは織田信長。最近のマイブームは仏像鑑賞。好きな芸能人はみうらじゅん。
ミステリーハンターQ
（略してMQ）
米テキサス州出身。某有名エジプト学者の弟子。1980年代より気鋭の考古学者として注目されつつあるが本名はだれも知らない。日本の歴史について探る画期的な著書『歴史を掘る』の発刊準備を進めている。

化政文化

今月のテーマは江戸を中心とした町人文化「化政文化」。絵画・文学・芸能などで傑作が生まれ、庶民文化が開花した。

MQ 前回は元禄文化について見てみたから、今回は江戸時代のもう１つの文化である化政文化について考えてみよう。

勇 化政文化って初めて聞くよ。

MQ 「化政」とは、「文化文政」の略なんだ。文化年間は１８０４年から１８１７年まで、文政年間は１８１８年から１８２９年まで。19世紀初頭の20数年間の、江戸を中心とした町人文化を化政文化と言うんだ。

静 元禄文化は確か、上方中心だったわよね。

MQ 化政期は一揆や凶作などは少なく、江戸時代最後の安定期と言われている。文学、絵画、芸能などの分野で多くの傑作が出たんだ。

勇 文学でいうとどんな作品があるの？

MQ 読本、人情本、滑稽本《こっけいぼん》などと言われる分野で、十返舎一九《じっぺんしゃいっく》が「東海道中膝栗毛《ひざくりげ》」を、式亭三馬が「浮世風呂」を、鶴屋南北は「東海道四谷怪談」を書いた。上田秋成は「雨月物語」を書き、滝沢馬琴《ばきん》が「南総里見八犬伝」を著したのも化政期だ。

静 すごい！　現代でも有名なものばかりね。

MQ 俳句では与謝蕪村、小林一茶、狂歌では大田南畝《おおたなんぽ》、川柳で柄井川柳《からいせんりゅう》が出て、世の中の風刺を行った。

勇 絵画ではだれが出たの？

MQ 円山応挙《まるやまおうきょ》、池大雅《いけのたいが》らが写実性の高い絵を発表し、浮世絵では喜多川歌麿、鈴木春信、さらには幻の絵師といわれる東洲斎写楽も活躍した。

静 そうそうたるメンバーね。文化が武士ではなく、町人のものになったという感じがするわ。

MQ そういう面はあるね。化政期から少しあとになるけど、七世市川団十郎によって、歌舞伎十八番が定められた。江戸の庶民は歌舞伎を楽しみ、人情本や滑稽本を読んで、泣いたり笑ったりし、さらには浮世絵に夢中になった。まさに庶民文化の開花といえるけど、享楽的な面や退廃的な面もあって、１８４１年以降に、老中水野忠邦によって行われる天保の改革で取り締まりの対象にされたものもあるんだ。

勇 天保の改革って、確か、奢侈《しゃし》禁止、風俗粛正の徹底をめざしたんだよね。

MQ にもかかわらず、化政文化は、幕末を経て多くが明治以降の文化に大きな影響を与え、現代にまでその影響は伝わっているね。

十返舎一九
戯着
八編
全三冊
弥次さん
喜多さん

みんなの数学広場

問題編

答えは次のページ

初級～上級までの各問題に生徒たちが答えています。
どの生徒が正しい答えを言っているか当ててみよう。
もちろん、当てずっぽうじゃなく、実際に問題を解いてみてね。

TEXT BY かずはじめ
数学を子どもたちに、楽しく、わかりやすく、使ってもらえるように日夜研究している。好きな言葉は、"笑う門には福来る"。

上級

下の問題は 2014 年2月末に行われた東京大の問題の一部です。

a を自然数（すなわち１以上の整数）の定数とする。
白球と赤球があわせて１個以上入っている袋Uに対して, 次の操作（＊）を考える。

（＊）　袋Uから球を１個取り出し,
（ｉ）　取り出した球が白球のときは，袋Uの中身が白球 a 個，赤球１個となるようにする。
（ⅱ）　取り出した球が赤球のときは，その球を袋Uへ戻すことなく，袋Uの中身はそのままにする。

はじめに袋Uの中に，白球が $a+2$ 個，赤球が１個入っているとする。この袋Uに対して操作（＊）を繰り返し行う。
たとえば，１回目の操作で白球が出たとすると，袋Uの中身は白球 a 個，赤球１個となり，さらに２回目の操作で赤球が出たとすると，袋Uの中身は白球 a 個のみとなる。
n 回目に取り出した球が赤球である確率を pn とする。ただし，袋Uの中の個々の球の取り出される確率は等しいものとする。

$p1$，$p2$ を求めよ。

A 答えは…

$$p1=\frac{1}{a+3}$$

$$p2=\frac{a+1}{(a+2)(a+3)}$$

簡単ね。

B 答えは…

$$p1=\frac{1}{a+3}$$

$$p2=\frac{a+2}{(a+1)(a+3)}$$

ちょっと違うよ。

C 答えは…

$$p1=\frac{1}{a+3}$$

$$p2=\frac{a+3}{(a+1)(a+2)}$$

思ったより難しかった。

中級

運動会でよく使われる“365 歩のマーチ”を知っていますか？　このなかに出てくる“3歩進んで2歩下がる”を1回として、100 歩の場所に到達するのは何回目でしょうか？

A 答えは…

100回

3歩進んで2歩下がると
1回につき1歩よね。

B 答えは…

102回

下がっちゃうから
2歩多めにしたよ。

C 答えは…

98回

反対よ。
2歩少なくなります。

初級

365 日つながりで…。

2014 年5月1日は、2014 年1月1日を起点にして、何日目ですか？

A 答えは…

121日

5月1日から1月1日を
引くんでしょ？

B 答えは…

122日

冬季オリンピックが
あったから、閏《うるう》年ね！

C 答えは…

120日

電卓で計算したから
間違いない！

解答編

上級

正解は B

$p1$ は白球 $a+2$ 個、赤球 1 個から赤球を取り出す確率だから

$$p1=\frac{1}{a+3}$$

$p2$ は 1 回目の操作で白球を取り出し、2 回目は白球 a 個、赤球 1 個から赤球を取り出す確率だから

$$p2=\frac{a+2}{a+3}\times\frac{1}{a+1}=\frac{a+2}{(a+1)(a+3)}$$

である。

1 回目で赤球を取ったら袋から赤球は消えますが、そこで白球を取ると赤球が復活するのを忘れてはいけません。意外にもこの問題は数学というより、国語力、つまり読み取る力が必要なのです。

A

簡単と言いながら
間違ったんだね？

B

C

惜しかった！

中級

正解は C

歌のなかで“3歩進んで2歩下がる”とあるので、実際に書いてみると

1回目は3歩目に到達してから1歩目に下がる
2回目は4歩目に到達してから2歩目に下がる
3回目は5歩目に到達してから3歩目に下がる

これを繰り返すと
98 回目は 100 歩目に到達してから 98 歩目に下がるわけです。
したがって、100 歩に「到達」するのは 98 回目なのです。
「到着」ではありませんのであしからず。

A

ちょっとストレート
すぎたね。

B

100 歩に「到着」なら
正解！

C

初級

正解は A

1月1日を起点にするとは、1月1日が1日目ということ。だから、1月が31 日。2月が 28 日。3月が 31 日。4月が 30 日。ここまでで 120 日ありますから、5月1日は 121 日目です。1月1日を0日目とは言いません。だって、1月1日から勉強を始めたら、1月2日は2日目の勉強になるでしょ？

A

B

冬季オリンピックは
閏年じゃないよ。

C

それじゃあ1月1日を
引くことになっちゃうね。

先輩に聞け！

大学ナビゲーター

東京外国語大学

言語文化学部スペイン語科2年

内藤《ないとう》　陸《りく》さん

スペイン語をはじめとする さまざまな外国語を学んで 色々な人とつながりたい

スペイン語を学ぶのがなによりも楽しい

——東京外国語大を志望した理由を教えてください。

「高校受験のために中3から塾に通い始めたら、英語の成績がどんどん伸びて、1番の得意科目になりました。

　高校に入ってからも英語が好成績のままだったので、得意な分野を伸ばした方がいいという母のすすめで、高1の夏からは英語をメインで指導している個別指導の塾に通い始めました。塾では英単語の語源や、英語のニュアンスの違いなど、深いところまで教えてくれるので、英語に対する意識がどんどん高まり、英語を学べる大学をめざすことにしました。

　兵庫県に住んでいたので、初めは大阪大の外国語学部を考えていましたが、塾の先生が、東京にもいい大学があるよと、東京外大をすすめてくれたので、志望校に決めました。」

——スペイン語科を選んだのはなぜですか？

「スペイン語の話者が多いところに魅力を感じました。スペイン語はスペインのほか、中南米のほとんどの地域で話されている言葉なので、色々な人とつながることのできる言語を学びたいという思いからスペイン語科を選びました。1年のときは、スペイン語の講義は全部で5つあり、そのうち3つは文法などを学ぶ座学の講義で、残りの2つはネイティブの先生による会話の講義でした。」

——ほかに学んだ語学はありますか？

「第二外国語としてドイツ語を学んでいます。スペイン語と違ってドイツ語は週2日しか講義がないのでなかなかなじめず、スペイン語より難しく感じます。」

——語学以外の講義を教えてください。

『地域基礎科目』という社会的な問題を扱う講義も必修科目で、スペインの歴史や、移民問題、スペインで話されている言語などについて学ぶ講義を履修していました。こうした社会系の科目は、語学の講義に比べると少し苦手です。」

——1年生で受けた講義のなかで1番印象に残っているのはなんですか？

「スペイン語の会話の講義です。週に2回ある講義は別々の先生ですが、どちらの先生の講義もとても楽しかったです。

道案内の仕方を学ぶ回では、仮想で教室内に駅や図書館などを作って、スペイン語でペアの子を道案内したり、数字を覚える回では、対戦相手が日本語で言った数字をいかに早くスペイン語で言えるかを競ったりと、ゲーム感覚で本当に楽しくスペイン語を学べました。」

——部活について教えてください。

「硬式テニス部に所属していて、練習は火・木曜の放課後と土・日曜の午前中の週4日です。中学は軟式テニス部、高校は硬式テニス部だったので、迷うことなく入部しました。男子は9人くらいで人数があまり多くないので、思いきりテニスができるところがいいですね。」

——これからの目標を教えてください。

「3年生から3つのコースに分かれるのですが、私は『言語・情報コース』に進みたいです。そして、学んだスペイン語を活かせる仕事に就きたいと考えています。外交官も魅力的ですが、最近はスペイン語圏に派遣される可能性のある外資系の会社に就職して、スペイン語を活用して仕事をするのもいいなと思い始めています。

また、1年生のころはスペイン語の勉強が楽しくてスペイン語の勉強ばかりしていましたが、やはり英語も重要だと思うので、2年生では英語もしっかり勉強し直そうと思っています。」

【定期テストを疎かにしない】

中学生のころは毎日の授業をしっかり聞き、定期テスト前にしっかり勉強して、というのを繰り返していたらある程度点数が取れていました。受験のテクニックなどを学ぶために塾にも通いましたが、定期テストごとにきちんと勉強していたので、あまり苦労することなく高校受験を乗り越えられました。学校の定期テストはつい疎かにしてしまいがちですが、きちんと取り組むことをおすすめします。

【モチベーションの保ち方は人それぞれ】

周りは大学入学後の楽しいことを考えた方がモチベーションがあがると言っていましたが、私はその逆で、落ちたときの悲惨な姿を想像して、「落ちたらどうしよう」という気持ちが勉強に励む原動力になっていました。軽い口調で「受かる受かる」と周りに言っていたので、これで落ちたら格好がつかないし、親へも迷惑がかかるし…と色々考えていると、いてもたってもいられなくて勉強していましたね。

【つらくても継続することが大切】

毎日コンスタントに勉強するのが大切です。1日でも休んでしまうと、疲れたと思ったとき、前も休んだし今日も休んでいいかとどんどん緩んでしまいます。ですから、毎日30分でも1時間でもいいので、つらいと思ってもその時間だけは集中するというのを続けてみてください。

【受験生へのメッセージ】

どんなことを勉強したのかも大事かもしれませんが、受験勉強の経験や勉強したという事実の方が大事だと私は思います。勉強をもっとしておけばよかったという人はいても、勉強をしなければよかったという人はいないと思います。いまは勉強がムダに思うときもあるかもしれませんが、「これだけ勉強した」ということがいつかきっと自分の財産になるはずです。

内藤さんと硬式テニス部のみなさん。

硬式テニス部での練習の様子。

動物の入った四字熟語

四字熟語もたくさんあるけど、今回は動物が入っている熟語を調べてみよう。

「竜《りゅう》頭《とう》蛇《だ》尾《び》」。竜は想像上の動物で、ヘビに似ているが、4本の足と角があり、天を駆けるとされる。ヘビには足はなく、地を這う動物だ。そこで、竜のような立派な頭でありながら、しっぽはヘビのように貧弱なことから、始めは勢いがあって盛んだが、終わりはふるわなくなってしまうことのたとえだ。尻つぼみのことだね。

「花鳥風月」は絵画や詩歌の対象となる美しい4つのものを並べたんだ。そこから雅《みやび》なことをもさすようになった。

「一石二鳥」は1個の石を投げて2羽の鳥を落とすというたとえから、1つのことをやることで2つの効果をあげることだ。「そのやり方は一石二鳥だ」なんていうね。「一挙両得」と同じ意味だね。

「汗《かん》牛《ぎゅう》充《じゅう》棟《とう》」はウシが引く車に積めば、ウシが汗をかくほどの量の書物、建物に積めば建物がいっぱいになるほどの書物、ということで、蔵書がきわめて多いことだ。「彼の蔵書はまさに汗牛充棟だ」というふうに使う。

「千《せん》軍《ぐん》万《まん》馬《ば》」は多くの軍馬ということで、大軍のことだ。そこから、社会経験を積んだ人のこともいう。「社長は千軍万馬だから、任せておいて大丈夫だ」というように。

「意《い》馬《ば》心《しん》猿《えん》」はウマの心、サルの気持ちということで、ウマやサルと同じに、欲望が抑えがたいという意味だ。「彼の欲望はきりがない。意馬心猿だ」って感じで使われる。

「虎《こ》視《し》眈《たん》々《たん》」はトラが獲物を狙う様子。そこから、目標を狙い定める様子をいうんだ。「柔道大会での優勝を虎視眈々と狙っている」というように使うよ。

「画《が》竜《りょう》点《てん》睛《せい》」は竜の絵を描いて、最後に「睛《ひとみ》」を書き入れて完成させることから、最後の大事な仕上げのことだ。通常は「画竜点睛を欠く」として使われ、最後の大事な仕事をしないために、全体が台なしになってしまうことをいう。

「羊《よう》頭《とう》狗《く》肉《にく》」はヒツジの看板を掲げて、それよりもレベルの低いイヌ（狗）の肉を売ること。いまでいう虚偽表示だね。

SUCCESS NEWS

サクニュー!!　ニュースを入手しろ!!

産経新聞編集委員
大野 敏明

◀**PHOTO**　オランダ・ハーグの国際司法裁判所（ICJ）で調査捕鯨に関する判決に臨む日本政府代表団（オランダ・ハーグ）写真：時事

今月のキーワード

調査捕鯨

オランダのハーグにある国際司法裁判所（ICJ）は３月末、日本が南極海（南氷洋）で行っている調査捕鯨に対して、国際捕鯨取締条約に違反するとして、認可の取り消しと、今後の捕鯨の中止を命じる判決をくだしました。日本人を含む16人の裁判官のうち、中止賛成12人、反対４人という結果でした。

この裁判は、反捕鯨国であるオーストラリアが提訴していたものです。

日本はこの判決を「日本の主張が認められず残念」としながらも、受け入れることにしており、今後、南極海での捕鯨はできなくなりそうです。

クジラは食用だけでなく、油は燃料にもなり、骨などは加工品にも転用され、捨てるところのない資源と言われてきました。昔から、国際的に捕鯨は盛んでしたが、乱獲などによって、種類によっては絶滅が危惧されるようになり、保護が叫ばれるようになりました。

このため、国際捕鯨委員会（IWC）は1946年、国際捕鯨取締条約を結び、日本も1951年に加盟しました。

1950年代から60年代にかけては、クジラは庶民的な食べもので、学校給食にも出されましたが、年々捕獲枠が狭められ、1988年、日本は商業捕鯨から撤退しました。

そのかわり、クジラの生息数などを調査するための調査捕鯨を行うこととし、捕獲されたクジラの肉の一部は一般に流通しました。

これに対し、オーストラリアは「調査捕鯨にしては捕獲量が多く、一般にも流通していて、調査捕鯨とは言えない」として2010年に提訴していたのです。絶滅問題だけではなく、クジラは知的レベルの高い動物だとして、保護すべきだとしています。

この間、オーストラリアに本部を置くシーシェパードという反捕鯨団体が、日本の捕鯨船に薬品を投げ込んだり、航路をふさいだりする妨害行為を行い、国際問題になったりもしました。

世界的には北欧や南米を中心に、クジラを食べる国は多く、なかにはIWCを脱退して捕鯨を行っている国もあります。

今回の決定の理由は、日本の捕獲量や流通問題などから、調査捕鯨と認められなかったものですが、禁止されたのは南極海だけなので、ただちに日本からクジラの肉が姿を消すわけではありません。

しかし、世界的には捕鯨禁止の風潮が高まっており、いつまでクジラを食べられるかは不透明と言えます。

あたまをよくする健康

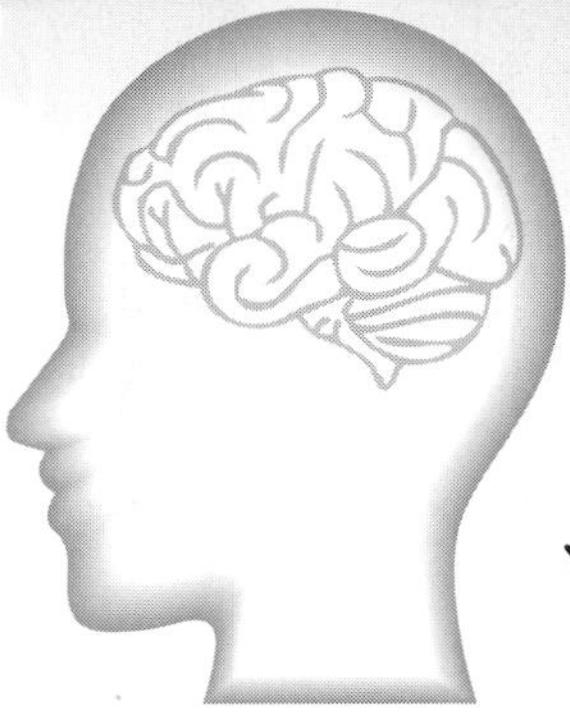

今月のテーマ

耳掃除

ナースであり
ママであり
いつも元気な
FUMIYOが
みなさんを
元気にします！
by FUMIYO

ハロー！　Fumiyoです。突然ですが、みんなは耳掃除をどのくらいの頻度でしていますか？　ほぼ毎日しているという人もいれば、耳掃除が苦手で、怖くてほとんどしないという人もいるよね。耳かきには、変わった形のものや、キャラクターの人形などがついているものもあったり、また、綿棒にも粘着面のついたものがあるなど、気にして見てみると結構おもしろいんですよ。

でも、雑に耳掃除をすると、耳かきで耳のなかを傷つけてしまうこともあるし、逆に耳掃除をまったくしないと、耳垢《みみあか》がたまりすぎて、最終的に耳が聞こえなくなってしまうことも。そんなデリケートな部位である耳のなかや、耳にたまる耳垢はどうなっているのでしょうか？

まず、耳の構造を見てみましょう。耳のなかは大きく分けて、外耳《がいじ》・中耳《ちゅうじ》・内耳《ないじ》の３つに分かれています。

それぞれの部分について簡単に説明しておきましょう。

外耳→私たちが耳と呼んでいる、外から見えている部分を耳介《じかい》といい、耳介から鼓膜までの部分を外耳と言います。また、耳介には音を集める役割があり、耳介から鼓膜までの通り道である外耳道は、集めた音を中耳まで運ぶ役割をします。

中耳→鼓膜の奥には、鼓室《こしつ》という部屋があり、そのなかには３つの耳小骨《じしょうこつ》が存在しています。これらの部分を中耳と言います。鼓膜に音が当たることで鼓膜が振動すると、耳小骨は音の振動をさらに大きくして内耳へと伝える役割をしています。

内耳→内耳は聴覚を担う蝸牛《かぎゅう》と平衡感覚を担当する前《ぜん》庭《てい》からできています。カタツムリのような形をしている蝸牛のなかに入っているリンパ液は、耳小骨が伝えた振動で揺れ動きます。そして、その揺れを感覚細胞が感知し、電気信号に変えることで、蝸牛神経を通して信号が脳に伝わり、音として認識されます。

さて、耳の構造を簡単に紹介したので、今回のテーマである耳掃除の話に戻ります。普段私たちが耳掃除をしている場所は外耳道というところです。そして、耳かきで取っている耳垢は、外耳道にある耳垢腺《じこうせん》と皮脂腺《ひしせん》から出た分泌物に、はがれ落ちた垢や毛髪、塵《ちり》が混じってできたものです。

この耳垢には乾燥耳垢と、湿った湿性耳垢の２種類があります。どちらの耳垢かは遺伝によって決まることが多く、日本人の多くは乾燥耳垢で、湿性耳垢の人は全体の約15%程度と言われています。

しかし、世界で乾燥耳垢と湿性耳垢の割合を比べてみると、湿性耳垢のタイプの人が多いそうです。また、湿性耳垢の人は乾燥耳垢の人に比べ、耳垢腺が多いと言われています。

そして、耳掃除の頻度は月に１〜２回で十分で、耳垢も耳の入口あたりにたまるものなので、掃除も入口付近で十分なのです。奥までやり過ぎると耳の内部を傷つけ、外耳炎を起こしてしまうこともあるので注意が必要です。入り口の掃除だけではすっきりしない場合は、病院に行って見てもらうのもいいでしょう。

耳のなかを掃除することで、英語のリスニングもよく聞こえるようになるかもしれませんよ。くれぐれもほどよい頻度での耳掃除を心がけてくださいね。

Q1

中耳には3つの耳小骨があります。耳小骨でないものはどれでしょうか？

①ツチ骨　②キツネ骨　③アブミ骨

正解は、②のキツネ骨です。

耳小骨は、鼓膜側からツチ骨、キヌタ骨、アブミ骨の順番に並んでいます。

Q2

耳かきについているふわふわの部分はなんという名前でしょう？

①南天　②梵天　③乾天

正解は、②の梵天（ぼんてん）です。

ふわふわ部分は、耳かきの仕上げに細かい耳垢を取るために使います。ペン立てなどに入れた耳かきを探すときに目印にもなりますね。

サクセスシネマ

SUCCESS CINEMA vol.52

音楽の力を感じよう

天使にラブ・ソングを…

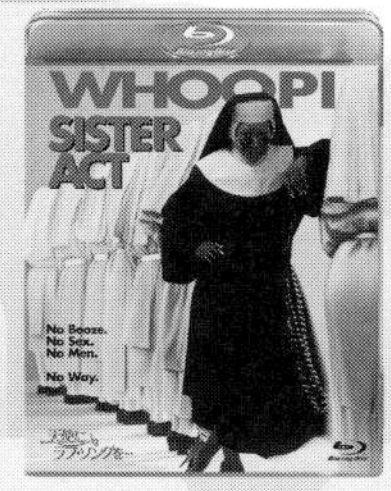

1992年／アメリカ
監督:エミール・アルドリーノ

『天使にラブ・ソングを・・・』
Blu-ray発売中
2,381円＋税
発売元:ウォルト・ディズニー・スタジオ・ジャパン

歌が修道女たちの自信と行動力に

笑いあり、涙あり、感動ありのヒューマンコメディです。

クラブシンガーのデロリスは、ある日ギャングのボスによる殺人の現場を目撃します。そのことで、組織から命を狙われ逃げ回ることになってしまいました。警察に助けを求めたところ、身を隠すためにと連れてこられた場所は、なんと修道院！　デロリスは、シスターと偽って生活することになります。

気ままに暮らしてきたデロリスと修道院で生活するシスターたちのかみ合わない会話に思わず笑ってしまいます。そして、デロリスは聖歌隊に入り、シンガーの本領を発揮。美しいハーモニーやリズミカルにアレンジされた賛美歌を聞いていると元気な気持ちになれます。

この映画は、価値観や生活環境が違う人々でも、歌によって１つになれることを教えてくれ、シスターたちが自分に自信を持ち、チャレンジしてみるという積極性を身につけていく姿に勇気をもらうことができます。

続編である『天使にラブソングを２』も出ているので、そちらも見逃せません。

のだめカンタービレ 最終楽章（前編・後編）

【前編】2009年／日本／監督:武内英樹
【後編】2010年／日本
監督:川村泰祐・武内英樹

(左)『のだめカンタービレ 最終楽章 前編　スタンダード・エディション』 DVD発売中　3,800円＋税　発売元:フジテレビジョン　©2009 フジテレビ・講談社・アミューズ・東宝・FNS27社
(右)『のだめカンタービレ 最終楽章 後編　スタンダード・エディション』 DVD発売中　3,800円＋税　発売元:フジテレビジョン　©2010 フジテレビ・講談社・アミューズ・東宝・FNS27社

観ても聴いても楽しめる作品

原作は二ノ宮知子の人気漫画。テレビでドラマと特別編が放送されたあと、完結編として本作が劇場公開されました。

新進気鋭の指揮者・千秋真一は、クラシック音楽の最高峰をめざしヨーロッパへと進出してきました。変わり者ながら才能にあふれる野田恵（のだめ）も、その千秋の背中を追いかけピアニストの道へ。２人はそれぞれ苦悩しながらも、少しずつ夢へ向かって道を切り拓いていくのでした。

２人のサクセスストーリーが描かれるなか、本作では多くの音楽シーンに触れることができます。オーケストラホールで、オーデション会場で、そしてアパートの一室で、形式やジャンルの異なるさまざまな音楽を楽しむことができます。そしてそれらの音楽は、舞台の大小にかかわらず人の心を動かし、人生を豊かにするものとして大きな存在感をみせています。また、ショパン、ベートーベンなどの名曲を、一流のオーケストラの演奏で聴くこともできます。しかも千秋のわかりやすい解説つき！　観ても聴いても楽しめる映画になっています。

オペラ座の怪人

2004年／アメリカ
監督:ジョエル・シュマッカー

『オペラ座の怪人』
Blu-ray好評発売中
2,000円＋税
発売元:ギャガ

ミュージカルの名作を映画化

世界中で愛されるミュージカルの名作を、映画だからこそできる壮大な舞台設定でリアルに再現しています。

1919年、オペラ座ではオークションが行われていました。そこに巨大なシャンデリアが登場した瞬間、物語はオペラ座がまだにぎわっていたころにフラッシュバックします。

19世紀のオペラ座には仮面をかぶった謎の怪人「ファントム」がいました。彼の教えによって才能を開花させたクリスティーヌは、一躍、劇団の主役にのぼりつめます。しかし、クリスティーヌが幼馴染みのラウルと恋に落ちたことで、激しく嫉妬するファントム。ここから恐ろしい悲劇が始まります。冒頭のシャンデリアは、その幕開けの象徴でした。

ほとんどのセリフが歌によって語られるため、人物の感情やストーリー展開が音楽とともにスーッと心に入り込んできます。絢爛《けんらん》な舞台、美しい歌声もさることながら、心に傷を持つファントムの情動が鮮明に映し出されており、哀しみや憤りの感情がいっそう強く感じられます。切ない愛の物語から目が離せません。

『現代語訳　学問のすすめ』

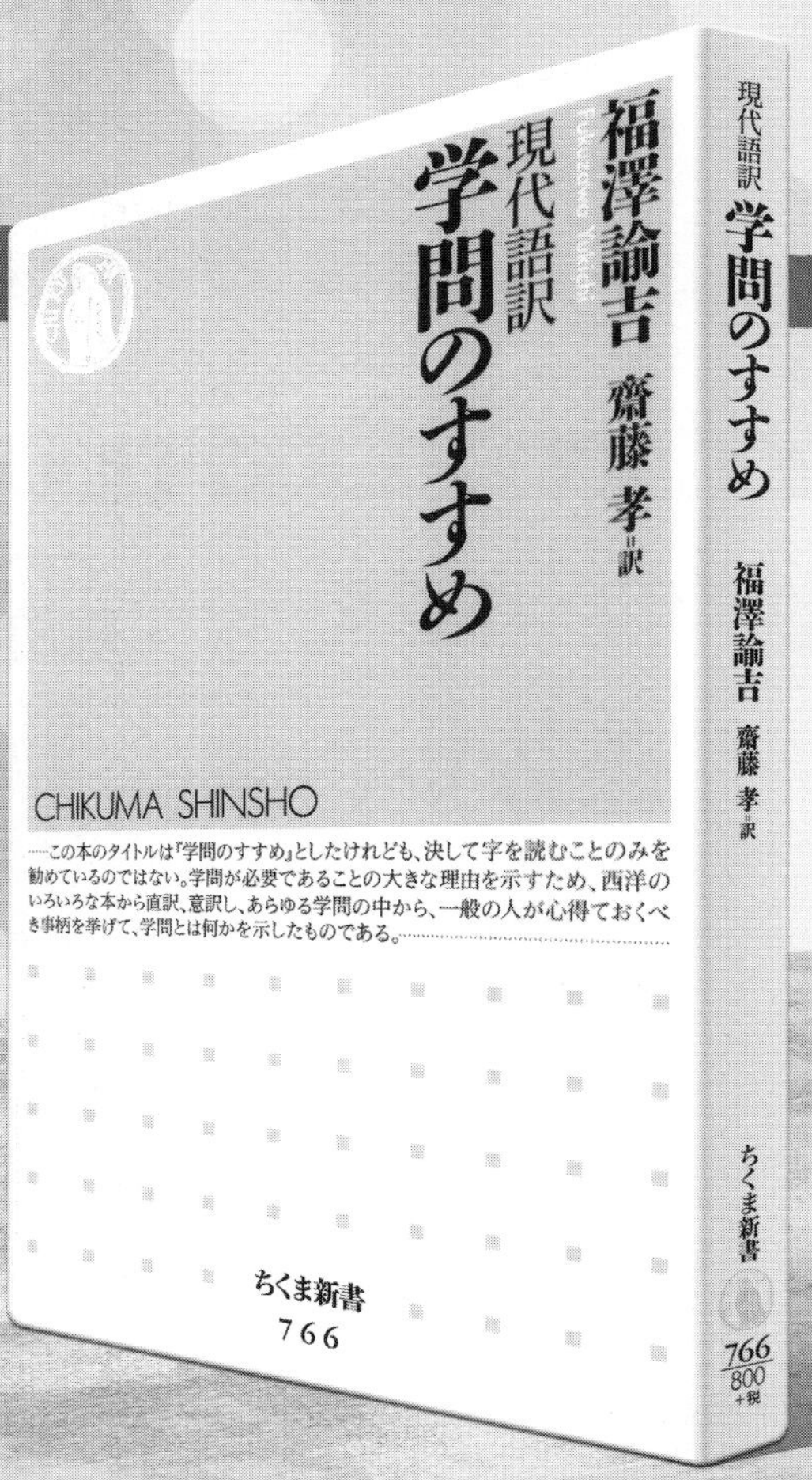

現代語で蘇る名著から考える「学問」をすることの意味

◆『現代語訳　学問のすすめ』

著／福澤 諭吉
訳／齋藤 孝
刊行／筑摩書房
価格／800円＋税

今月の1冊

サクセス書評

6月号

この雑誌を読んでくれている人のなかには、慶應義塾や慶應義塾女子、慶應義塾志木に入りたいと考えている人もいると思う。これらの学校は慶應義塾大の一貫教育校だ。では、その慶應義塾大の創立者はだれか知っているだろうか。「当たり前じゃん」という声が聞こえてきそうだ。1万円札の肖像画でもおなじみの福澤諭吉だね。

彼は明治時代の日本において数多くの功績を残してきた偉人で、そのなかでもとくに有名なことの1つが『学問のすすめ』を書いたこと。

「『天は人の上に人を造らず人の下に人を造らず』と言えり」の一節で知られるこの書は、学問の大切さを説き、また、国と個人の関係を見つめながら、世のために働くことが自分自身の生き方の充実にもつながるということを示した。

『学問のすすめ』は最終的には300万部も売れたとされているんだけれど、当時の日本人の人口が3000万人ほどだったというから、いかにベストセラーだったかということがわかるね。

そんな『学問のすすめ』は、明治時代に書かれたものとはいえ、いまでも十分ためになる内容がたくさん詰まっているので、簡単に手に入るし、ぜひみんなにも読んでもらいたいところだけど、問題が1つ。それは、普通の『学問のすすめ』は当然ながら当時の言葉遣いだから現代仮名遣いではなく、そのまま読み進めるのが大変だということ。

そこでオススメするのが『現代語訳　学問のすすめ』だ。テレビなどでもおなじみの齋藤孝明治大学文学部教授が現代語訳を手がけている。内容自体に難しい部分があるので、その理解は大変かもしれないが、基本的には口語で読みやすいものになっている。ぜひ一度チャレンジしてみてほしい1冊だ。

そして、読んでみれば、納得することや、「江戸時代が終わったばかりなのにこんなことを考えていたのか」と驚くこと、「ちょっと違うんじゃないか」と思うことなど、色々な感想を抱くことだろう。それも含めて意味のある読書になるはずだ。

Q これまであまり勉強していません。いまからでも実力は伸びますか？

4月から中3になりました。中1・中2は部活動を熱心にやっていたのでどうしても家庭学習にあてられる時間が長くはなく、中3の1年間で学力が伸びるかどうか心配です。これから必死になってやっていれば実力は伸びますか。不安でなりません。

（横浜市・ST）

A 中3の1年間で十分実力は伸びます。まずは基礎・基本の見直しを。

中２までの勉強ももちろん大事ですが、受験学年である中３の１年間は、高校受験において非常に重要な１年です。

そして、この１年間で十分に学力は伸びますので心配ありません。これまでは勉強にあまり時間を割くことができなかったとしても、受験学年であるという自覚のもと、焦らず、慌てず、諦めずに、地道な努力を重ねることで希望の進路は開けてくるはずです。

受験学年の１年間では、とくに夏休みが大切だと言われています。多くの塾では夏期講習が設定されており、長時間の学習ができるようになっています。夏休みの間に確実に実力を伸ばすためにも、夏休みを迎える前の１学期の段階で中１・中２で習った勉強の基礎を再確認し、それを自分のものにしておくべきです。つまり、１学期の間に、自分なりの勉強のペースを確立し、どれだけ基礎・基本の見直しができるかが大事なのです。また、夏休みだけではなく秋から冬にかけての受験前の追い込み時期も重要で、この時期にも実力は大きく伸びると言われています。

１年という時間は、決して短いものではありません。過去を振り返るのではなく、未来を見つめ、勉強していくことで、必ず学力は伸びていきます。しっかりと目標を定め、この１年間を悔いなく過ごしてください。

なんとなく得した気分になる話

身の回りにある、知っていると
勉強の役に立つかもしれない知識をお届け!!

生徒  先生

日本一の○○

先生！　この前、3大○○とかってやったじゃない？　今度は日本一とか考えない？

唐突だなあ…。日本一か。じゃあ、早速いってみよう。第1問。日本一高い山は？

富士山！

正解！　第2問。日本一低い山は？

日本一低い山？　知ってるよ。天保山でしょ？

正解！　と言いたいところだけど残念。正解は宮城県仙台市にある日和山だよ。もともと6mしかなかったのが、東日本大震災の津波で削られて、3mになった。それが国土地理院で認められたんだ。天保山は4.53mだから、それより低くなってしまった。

それ、どっちも山って言えるの？

地図帳にも載ってるぞ。まあ、築山《つきやま》だな。

築山ってなに？

造園とか公園の人工的な山だな。では第3問だ。日本一長い川は？

信濃川でしょ？

正解！　キミ、意外とやるじゃないか。偉いな。じゃ、第4問。日本一短い川は？

知らない！　っていうか、これも、山の問題と同じノリじゃない？

気にしない気にしない。正解は、和歌山県那智勝浦にある「ぶつぶつ川」だ。

それって有名???

先生のなかでは有名だ（笑）。さあ、次！　第5問。日本一大きい湖は？

琵琶湖。

正解！　じゃあ第6問、日本一深い湖は？

田沢湖？

正解！　すごいな。キミはクイズ番組も出られそうだね。さあ、第7問。日本一高い建物は？

東京スカイツリー。これはわかるでしょ！

正解！　第8問、日本一高いビルは？

スカイツリーじゃないの？

スカイツリーはアンテナまでの高さだからビルとは違う。

池袋の「サンシャイン60」かな??

残念！　正解は、3月に開業したばかりの、大阪府堺市にある「あべのハルカス」だ。先日、新聞にも出ていたぞ。

全然知らなかった…。じゃあ、ぼくから先生に問題。日本一速い列車は？

新幹線。

何新幹線？

えっ？　東海道新幹線じゃないの？

不正解！　いまは東北新幹線はやぶさ号なんだよ。時速320kmらしい。

なんか最後はキミにやられちゃった感じだな…。

まあそう気にしないで。意外に日本一ってあるんだね。なんか、自分で日本一って作れそうな気がするよ。要するに、だれもやったことがないことを最初にやれば、日本一ってことだよね。

そうだね。そんな気がしてきた。だれもやったことがないことが確かに多いな。

じゃ、先生と2人でなにか日本一を作ろう！

それはいいかもしれないね。日本一賢くてカッコイイ人はだれとか？

だれ？

私。

そりゃ、日本一の大ウソつきだ！

否めん…。

Success Ranking

日本の島・湖沼の面積ランキング

日本の島や湖《こ》沼《しょう》の大きさってどれぐらいまで知っているだろうか。もしかしたら知っていると役立つかもしれない1位～20位までのランキングを紹介しよう。難しい読みも多いので、自分で調べてみると、さらに勉強になるぞ。

日本の島の面積

順位	名称	2013年面積	都道府県名
1	**本州**	**227976**	
2	北海道	77985	北海道
3	九州	36753	
4	四国	18301	
5	択捉島	3183	北海道
6	国後島	1499	北海道
7	沖縄島	1208	沖縄県
8	佐渡島	855	新潟県
9	奄美大島	713	鹿児島県
10	対馬	697	長崎県
11	淡路島	592	兵庫県
12	天草下島	574	熊本県
13	屋久島	505	鹿児島県
14	種子島	445	鹿児島県
15	福江島	326	長崎県
16	西表島	289	沖縄県
17	色丹島	250	北海道
18	徳之島	248	鹿児島県
19	島後	242	島根県
20	天草上島	225	熊本県

日本の湖沼の面積

順位	名称	2013年面積	都道府県名
1	**琵琶湖**	**670**	**滋賀県**
2	霞ヶ浦	168	茨城県
3	サロマ湖	152	北海道
4	猪苗代湖	103	福島県
5	中海	86	島根県・鳥取県
6	屈斜路湖	80	北海道
7	宍道湖	79	島根県
8	支笏湖	78	北海道
9	洞爺湖	71	北海道
10	浜名湖	65	静岡県
11	小川原湖	62	青森県
12	十和田湖	61	青森県・秋田県
13	能取湖	58(58.41)	北海道
14	風蓮湖	58(57.74)	北海道
15	北浦	35	茨城県
16	網走湖	32(32.33)	北海道
17	厚岸湖	32(32.30)	北海道
18	八郎潟調整池	28	秋田県
19	田沢湖	26	秋田県
20	摩周湖	19	北海道

※島・湖沼ともに単位は平方キロメートル、小数点第一を四捨五入
※島の面積、湖沼の面積はともに国土地理院資料を参照

Educational Column

15歳の考現学

開成が始めた画期的な奨学金制度の趣旨が
学校に限らず社会的貢献として広がってほしい

私立 INSIDE

首都圏私立の

首都圏私立の
スーパー
グローバルハイスクール

公立 CLOSE UP

公立高校受検

2014年度
千葉県・埼玉県
公立高校入試結果

BASIC LECTURE

高校入試の基礎知識

都立高校の
入試制度が
大きな変更を予定

受験情報

千葉

千葉県立の前期変更点を発表

千葉県教育委員会は、前期選抜の改善を検討していたが、4月、その変更内容を発表した。前期・後期制は維持されるが、2015年度の前期選抜からは①志願理由書の提出を廃止（ただし各校の裁量で提出を求めることも可）、②入学確約書に付す中学校校長印を廃し、保護者印のみとする。

また、2016年度の前期選抜からは、前期選抜の合格発表日から、後期選抜願書提出までを2日とする（現行1日）。このため前期選抜の日程が1日早まる見込みだ。

また、専門学科、総合学科の前期選抜枠を50%以上100%以内とする（現行50%以上80%以内）。

なお、後期選抜についての変更はない。

東京

都立国際にバカロレアコース

都立高校で初となる「海外大学への進学資格が取得できる」バカロレアコースが都立国際に新設され、来春2015年度から募集を始めることになった。

国際バカロレア認定をめざす、このコースは1学年25人が定員で、都立高校の推薦入試と同日に検査が実施され、英語運用能力検査、学力検査（数学）、小論文、個人面接、集団討論の5項目を2日間かけて検査する。

入学後、1年生を準備期間として、2年生からはDP(ディプロマプログラム）で学び、3年生の11月に世界共通の統一試験に臨んで、国際バカロレア資格（フルディプロマ）をめざす。この資格を取得すると、海外の大学進学の資格を得ることとなり、海外大学への道が開ける。

15歳の考現学

開成が始めた画期的な奨学金制度の趣旨が学校に限らず社会的貢献として広がってほしい

成績優秀者向けではない奨学金制度の創設

開成高校が、柳沢幸雄校長名で3月30日付ホームページに「開成会道灌山奨学金」を創設する旨を告知しています。これは「開成高校に学びたいけれども経済的理由でそれを断念している志ある若者を迎えるため（中略）入学金、授業料などを免除する奨学金です」とあります。

この奨学金制度は東大と同じく、年収の低いご家庭に向けられたものと考えてよいのだろうと思います。

この制度が画期的なのは、「学業での成績優秀者に提供する資金ではない」ということです。

筆者が先日企画した開成柳沢校長の講演会のあと、お話しいただいた桑原一利・グローバルシンカーズ代表の言葉を紹介します。

「日本では、financial aid（助成措置）とscholarships（奨学金）が混同されて理解されていますが、必要なのはneed-based financial aidなのであって、成績優秀者のみに提供するmerit-based scholarshipsは、社会を変えるほどのものではないことをハーバード大は知っているのです。ですから、学費を払えなくてもそんなことはお構いなし。親の懐具合は入学の条件にしないのです。国家予算なみの寄附金を使いますが、これをneed-blind admissionと言います。」

桑原氏は、こうお話を切り出しています。「私は、リーマン・ブラザーの証券化のためのサブプライムローンの会社をやっていましたので、リーマン・ショックの犯人の1人です。私自身も財産を失い、苦境に追い込まれましたが、（中略）お金で買えない価値が本物なのです」。

「ハーバードの心意気」とは弱者の側に立って考えること

さらに「私はアメリカの全寮制高校に留学してハーバード大で学生をし、アメリカ人と結婚し、日米で働き、子どもを日米で教育しました。いま、10代のお子さまを支援している私にとって、今日、お伺いした柳沢先生のお考えに120%同感です」とも述べられました。そのうえで引用したのが冒頭のハーバード大のウェブサイトに書かれているfinancial aidについての文章でし

森上《もりがみ》 展安《のぶやす》

森上教育研究所所長。1953年、岡山県生まれ。早稲田大学卒業。進学塾経営などを経て、1987年に「森上教育研究所」を設立。「受験」をキーワードに幅広く教育問題をあつかう。近著に『教育時論』（英潮社）や『入りやすくてお得な学校』『中学受験図鑑』（ともにダイヤモンド社）などがある。

た。そこには「financial aidを申請したことが合否の判定に影響することはありません。また、外国人であるか否かも関係ありません。実際のところ、みなさんが経済的な、あるいはそのほかの重大な障害を乗り越えてきた場合、むしろそれが合否判定に有利に働くことがあります」と書かれているとも紹介してくださいました。

　こうした脈絡のうえに、開成・柳沢校長の文言がホームページにあります。すなわち「この奨学金の創設をお伝えできることを、校長として大変うれしく、また、誇りに思います」と。柳沢校長はハーバード大でも指導されていた方であり、ハーバード大の考え方があっての、この「道灌山奨学金」の創設であったろうことは想像にかたくありません。それと同じ仕組みを創設できたことへの喜びと誇りがうかがわれます。

　これまで私立学校の設置している多くの奨学金は、桑原氏の指摘する成績優秀者のみに提供するmerit-based scholarshipsで、ハーバード大は前述のウェブサイトで「スポーツや学業の成績優秀者に提供する奨学金はありません」と、これを明確に否定しているのです。

　桑原氏はこれを評して「ハーバードの心意気」と表現されています。

学校に入る前の勉強を支援できないものか

　さて、この「道灌山奨学金」によって、公立中学を経て、開成高校を受験し合格すれば、親の年収がたとえ授業料を支払えるような水準ではない場合でも、開成高校に進学できることになりました。

　ただし、入試に合格せねばなりません。その費用が出せない場合も、当然考えられます。これは、開成学園にとっては、いわば手にあまり、そこまでは支援できません。

　そこで考えられるのが、ウェブ上などで無料の講座を見つけ、準備勉強を独学ですることです。残念ながら筆者には、このサービスで十分なものがあるかどうか知識がありませんが、少なくとも、こうした奨学金の創設によって、これまで国立大附属や公立高に進学していた生徒が開成の門を叩く効果はあるでしょう。

　もちろん、これを契機としてこのような奨学金が中学からも設置してほしいものだとも思いますが、なにはともあれ、need-based financial aidが私学のトップ高校で実現できる見通しがついたことの意義を強調したいのです。できうれば、こうした考え方が、これをきっかけに社会に根づいていってほしいものと考えます。

　年収との兼ね合いでいえば、年収5～600万のご家庭では、現状の塾費用や私立中学の授業料を保護者が負担するのは、できないことではないとはいえ、そのためにさまざまな生活費用を相当削らなくては難しいのが現実です。

　一方で、そうした年収の保護者の方が大多数であることも偽らざる真実です。とりわけ、高校受験生において明確です。

　したがって開成学園が高校入学生を対象に、この制度を創設したことは現実をふまえた判断といえます。さらに言えば、開成高校の受験生には、とくに地方や留学生、あるいは日本に住む外国人の子女が少なからずいます。その人々にとっても、この条件は魅力的でしょう。また、国内においては母子家庭に朗報です。多くの母子家庭では国公立高校しか受験の対象とはならないなか、開成のこの奨学金は勇気づけられます。

　とはいえ、やはり開成は超難関で、公立トップ高校に合格するのと同等かそれ以上の学力を要求されます。

　それと、開成は男子のみなのです。

　筆者としては、ぜひ開成に続く学校が、中位校や、女子校、共学校の私学で現れてきてほしいと思い、このコラムを書いています。

　さらに率直に言えば、本稿は早稲田アカデミーというトップクラスの高校受験生が学ぶ塾の塾生への情報誌としても編集されています。

　私塾では難しさはあるのかもしれませんが、企業の社会的貢献の一方法として、塾の費用でもこうした奨学金があると、受験勉強の費用が支払えなくて、開成そしてハーバード大などに行くことを断念する受験生も救えることになります。

　前述したように無料のウェブによる受験勉強というやり方を用いれば、あるいはいまでも費用をかけずに受験勉強ができるのかもしれません。できればそういった受験生が、少しでも通常の受験勉強をしている塾の生徒と同じ条件下で勉強ができるような仕組みの実現に、学校、塾、企業は手をお貸しいただきたい、と誌面を借りて要望いたします。

　「社会を変える力」をこの奨学金制度は持っているのです。

首都圏私立のスーパーグローバルハイスクール

今回は、さきに発表されたスーパーグローバルハイスクール（SGH）についてお伝えします。首都圏からも多くの高校が指定を受けましたが、そのなかに私立校の数がめだったことが特徴としてあげられます。これまで多くの私立校が英語教育だけにとどまらず、グローバル化をにらんだ教育に取り組んできた成果ともいえます。

SGHとして全国から56校が指定される

3月末、文部科学省（文科省）は、この2014年度から「スーパーグローバルハイスクール（SGH）」として指定する全国56校を発表しました。

SGHは、「急速にグローバル化が加速する現状を踏まえ、社会課題に対する関心と深い教養に加え、コミュニケーション能力、問題解決力等の国際的素養を身に付け、将来、国際的に活躍できるグローバル・リーダーを高等学校段階から育成する」（文科省）ことを目的とした事業で、今年度は50校を公募していました。

応募したのは全国246校（国立10校、公立117校、私立119校）で、その構想を審査し、予定より6校多い56校（国立4校、公立34校、私立18校）が指定されました。指定期間は5年間（2014年度から2018年度）で、この5年間でさらに計100校まで増やす計画です。

指定のための審査は「教育活動の実績を踏まえた計画の実現性、発展性、継続性を評価し、多様性を確保する観点から取り組みの特徴、地域性および国公私のバランスに配慮した」とされています。本誌で、指定された高校に聞き取りを行った結果から、審査の柱となったのは、「国際化を進める国内の大学を中心に、企業、国際機関等と連携を図る」という構想で具体案をあげられた学校が有利だったようです。

この事業で、今年度1年間の予算措置は8億651万円。1校あたり年間1440万円余が5年間にわたり支給され、担当教員の人件費や学習プログラムの充実にかかる費用などの支援にあてられます。

SGH事業の概要は「国際化を進める国内の大学を中心に、企業、国際機関等と連携を図り、グローバルな社会課題を発見・解決できる人材や、グローバルなビジネスで活躍できる人材の育成に取り組む高校で、質の高いカリキュラムの開発・実践やその体制整備を進める」（文科省）ことにあり、指定された高校に求められる取り組みは高度で、

①グローバル・リーダー育成に資する課題研究

②グループワーク、ディスカッション、論文作成、プレゼンテーション、

プロジェクト型学習等の実施

③海外の高校・大学等と連携した課題研究に関するフィールドワーク、成果発表等のための海外研修

④帰国・外国人生徒の積極的受け入れ、大学との連携を通じた外国人留学生とのアカデミックなワークショップ

⑤大学との連携を通じた、課題研究内容に関する専門性を有する帰国・外国人教員の活用

などがあげられており、指定4年目以降にはその検証として、「国際化に重点を置く大学へ進学する生徒の割合」「海外大学へ進学する生徒の人数」「課題研究が大学選択に影響を与えた生徒の割合」「大学在学中に留学・海外研修に行く卒業生の数」などを報告せねばなりません。

また、大学との連携に関してもいくつかの具体例が示されています。

私立校が多いのが特徴 東京では8校の私立校

さて、SGH指定を受けたのは、全国の国立4校、公立34校、私立18校ですが、これまでの文科省の学校指定事業（SSH＝スーパーサイエンスハイスクールなど）では、公立の伝統校が多く指定されていたことに比べて私立校の割合が多いことが特筆されます。

首都圏（東京、神奈川、千葉、埼玉）からは国公立、私立合わせて15校が指定されました。東京の10校は全国で最も多くなっていますが、そのうち8校が私立です。これらの指定校は「国際理解教育、外国語」に特化した教育を、すでに有効に行っている学校として文科省の〝お墨付き〟が与えられたも同然で、来春からの入試は難化が予想されます。

首都4都県のSGH指定校のうち私立校は、東京の8校と神奈川の2校でした。

【東京・8校】佼成学園女子、国際基督教大学高（ICU）、品川女子学院、昭和女子大附属昭和、順天、渋谷教育学園渋谷、玉川学園、早稲田大学高等学院

【神奈川・2校】公文国際学園、渋谷教育学園幕張

千葉、埼玉の私立校はありませんでした。

また、この10校のうち中学募集をしていないのはICUだけでした。

SGHアソシエイト 54校も指定される

さて、今年度のSGHには、初めての公募にもかかわらず多くの申請（246校）がありました。

そこで文科省では、SGH事業の構想をより多くの学校に広めていきたいという考えから、SGHに漏れた学校のなかから、同様にグローバル・リーダー育成に資する教育の開発・実践に取り組む高校を「SGHアソシエイト」として位置づけることにしました。SGHアソシエイト指定校は、SGH指定校とともにSGHコミュニティを形成、連携しながらこの教育の開発・実践に、とりあえずこの1年間取り組みます。アソシエイトとは「仲間、提携者」といった意味ですから、その活動はほぼ同じと考えられます。

SGHコミュニティでは、それぞれの学校での取り組みに関する情報を共有するとともに、その状況を発信するための場も設けられます。

SGHアソシエイトに指定されたのは全国で54校（国立6校、公立27校、私立21校）です。首都圏4都県の私立校では次の7校が指定されています。

【東京・3校】東洋英和女学院、啓明学園、富士見丘

【神奈川・2校】神奈川学園、法政女子

【千葉・1校】暁星国際

【埼玉・1校】立教新座

また、近県の私立校では、茨城から**東洋大附属牛久、茗溪学園**の2校が指定されました。

ここにあげた9校もほとんどが中高一貫校で、高校募集のみは法政女子。茨城の東洋大附属牛久は来年度中学募集を始めます。

じつは、SGH事業は当初100校を指定してスタートするよう準備が進められていました。ところが予算が削減されて50校指定に減じた経緯があり、SGHアソシエイトの指定によって予算をかけずに実質100校を指定した、と見る向きもあります。

前述のように、この5年の間にSGH指定校は100校までに増やす予定ですから、SGHアソシエイト校からの格上げも当然予想されるところで、そのためのSGH予備群ともとれます。

SGHと同アソシエイトを合わせたSGHコミュニティの幹事校は**筑波大附属**（東京・国立）で、コミュニティのなかで中核的な存在となり、各校と連携して適切に情報共有を図るためのネットワークを構築するリーダー校となります。

公立 CLOSE UP

2014年度 千葉県・埼玉県 公立高校入試結果

安田教育研究所 代表 **安田 理**

制度変更後、4度目の入試となった千葉県、3度目の入試となった埼玉県では大きな変化は見られませんでした。千葉県では平均実倍率は少し下がり、埼玉県ではわずかに上昇していますが、定員割れ校が増えています。一方、難関上位校の人気は安定していて、厳しい入試が続いています。

千葉県公立高校 前期

平均実倍率はややダウン トップは県立千葉

現行制度4度目の実施となった千葉県公立入試。募集枠を拡大した前期では実倍率を年々上げていましたが、今年は新制度で初のダウン。前年の1・86倍から2年前と同じ1・84倍に戻りました。前年より258人多い3万9571人が受検しましたが、合格者数も379人増の2万1530人だったためです。

中学卒業予定者数は前年より674人増の5万1915人で1・3%増えていました。2年連続で増えていた卒業予定者数に対する公立前期の受検者数の割合は77・1%から76・6%に下がりました。そのぶん、私立志望者が増えています。

今年度、最も倍率が高かったのは**県立千葉**の3・56倍。前年3・96倍から3・28倍に緩和した影響でしょう。前年トップの**県立船橋**は3・90倍から3・11倍に下げたものの2位をキープ。2年前4・08倍でトップだった**県立船橋**の**理数科**は高倍率と募集数の少なさが敬遠されたのか2年連続でダウン、3・54倍から2・50倍に大きく後退しました。2015年度は反動で人気が上昇する可能性があり、注意が必要です。

トップ2校と並び、公立御三家と称される**東葛飾**は2・57倍から2・81倍に上昇、前年13位から5位に順位を上げ、3年ぶりに上位10校にランク入りしました。募集数の削減から敬遠される可能性がありましたが、普通科内に新設された医歯薬コースが人気を集めたようです。

県内で唯一、学校独自問題を実施している**千葉東**も2・54倍から2・77倍に上昇。次年度は隔年現象で再び緩和する可能性があります。

順位に変動があっても、**県立千葉**、**県立船橋**、**東葛飾**、**千葉東**、**市立千葉**、**小金**など上位校を中心に高倍率校の顔ぶれはあまり変わっていません。前年の倍率上昇の反動で緩和したためランク外になった**薬園台**、**八千代**などを含め、今後もこの傾向は続くことが予想されます。

また、上位10校のうち、**成田国際**以外はすべて第1〜3学区が占め、人口の多い学区に高倍率校が集中し

ているのも例年と同じです。

千葉県公立高校 後期

平均実倍率0・02ポイント低下 倍率トップは市立稲毛(国際教養)

前期と同様、後期でも新制度導入後、上昇を続けていた平均実倍率が1・41倍から1・39倍に下がりました。受検者数は105人減の1万7662人でほぼ変わらなかったのに対し、合格者数は91人増の1万2720人でした。実倍率は少し下がりましたが、2年前の1・35倍よりは高く、不合格者数4900人以上の厳しい入試が続いています。

前年に続き、前期と日程の重なる都内難関私立を希望して、前期に出願しなかった上位生の一部が後期を受検するケースが見られました。

実倍率トップは前年の1・30倍から2・70倍に大きく上昇した**市立稲毛(国際教養)**。2位に前期トップの**県立千葉**が入り、以下、理数科や国際科など進学色の強い専門学科の一部が続いています。専門学科では後期の募集数が限られるため、数人の増減で倍率が変動しやすいことも影響しています。

2014年度前期実倍率 上位10校(千葉県)

1位	県立千葉	3.56倍
2位	県立船橋	3.11倍
3位	成田国際	2.96倍
4位	小金	2.90倍
5位	東葛飾	2.81倍
6位	柏南	2.80倍
6位	松戸国際(国際教養)	2.80倍
8位	千葉東	2.77倍
9位	鎌ヶ谷	2.76倍
10位	市立千葉(理数)	2.75倍

2014年度前期受検者数 最多10校(千葉県)

1位	幕張総合	1122人
2位	柏南	605人
3位	千葉東	598人
4位	県立船橋	597人
5位	小金	556人
6位	東葛飾	539人
7位	鎌ヶ谷	530人
8位	県立千葉	512人
9位	検見川	497人
10位	磯辺	484人

2014年後期実倍率 上位10校(千葉県)

1位	市立稲毛(国際教養)	2.70倍
2位	県立千葉	2.62倍
3位	成田国際(国際)	2.44倍
4位	佐倉(理数)	2.38倍
5位	柏(理数)	2.22倍
5位	松戸国際(国際教養)	2.22倍
7位	東葛飾	2.13倍
8位	佐倉	2.08倍
9位	県立船橋	2.06倍
10位	鎌ヶ谷	2.01倍

2014年度後期受検者数 上位10校(千葉県)

1位	幕張総合	514人
2位	柏南	301人
3位	東葛飾	287人
4位	県立船橋	280人
5位	県立千葉	278人
6位	千葉東	275人
7位	鎌ヶ谷	272人
8位	磯辺	263人
9位	小金	257人
10位	市川東	256人

埼玉県公立高校

平均実倍率は1・17倍から1・18倍に

埼玉では2012年度から前・後期2回の入試機会を一本化しました。新制度3年目の2014年度は中学卒業予定者数の減少により、公立受検者数・合格者数とも減りましたが、平均実倍率は1・17倍から1・18倍と2年連続で上昇しました。

中学卒業予定者数は約1800人減少し6万5751人。公立全日制高校募集数は1600人減らし4万人でした。2331人減の4万6843人が受検し、定員割れ校が増えたため370人減の3万9769人が合格しています。約7000人が不合格となる厳しい入試でしたが、欠員補充が240人から451人に増え、公立高校のなかでも人気の格差が広がっています。

実倍率トップは大宮(理数)がキープ

実倍率トップは今年度も**大宮(理数)**の2・39倍でした。前年の3・

07倍から緩和したものの2倍台の高校はほかにありません。

上位10校のうち、前年に続き理数科4校、外国語科2校がランク入りしています。とくに理数科人気は高く、**松山**が2位、新設の**市立大宮北**が4位、上位6校に限れば理数科が3分の2を占めています。

普通科のトップは**市立浦和**ですが、2年前の1・72倍から1・63倍に緩和した前年から再上昇していますす。このまま隔年現象が続けば、次年度は少し緩和するかもしれません。普通科で2番目に高かった**県立川越**は合格者数を定員より14人増やしましたが1・50倍から1・55倍に上がっています。

前年、普通科で倍率の高かった**蕨**が1・66倍から1・46倍に、**川越女子**は1・58倍から1・47倍に下がっていますが、高倍率に変わりはありません。定員増から元に戻した**県立浦和**が1・50倍から1・45倍に緩和、**浦和第一女子**は1・26倍から1・43倍に上昇。定員増の影響というより前年の倍率によって上下しているように見えます。

受検者数上位10校では募集規模の大きい**伊奈学園総合**が951人から制度変更後、初の4ケタに人数を戻しトップを維持しています。

上位10校のうち、1クラスぶん募集数を増やした**浦和西**、**春日部**の2校がランク入りしています。一方、前年の1クラス増から募集数を元に戻し1クラス減となった**県立浦和**、**浦和第一女子**、**所沢北**も上位10校に入っています。2年前に増員し前年元に戻した**県立川越**、**川越女子**も含め上位校人気は募集数を減らしても強かった、ということでしょう。

次年度は1・52倍から1・23倍に緩和した反動で倍率が上昇する可能性の高い**大宮**も含め、上位校人気が続きそうです。

2014年度実倍率 上位10校（埼玉県）

1位	大宮（理数）	2.39倍
2位	松山（理数）	1.93倍
3位	市立浦和	1.71倍
4位	市立大宮北（理数）	1.73倍
5位	和光国際（外国語）	1.65倍
6位	市立川越（国際経済）	1.64倍
7位	越谷北（理数）	1.60倍
8位	越生（美術）	1.58倍
9位	県立川越	1.55倍
9位	越谷総合技術（食物調理）	1.55倍

2014年度受検者数 上位10校（埼玉県）

1位	伊奈学園総合	1005人
2位	浦和西	601人
3位	県立川越	578人
4位	所沢北	552人
5位	春日部	549人
6位	川口北	539人
6位	川越女子	539人
8位	浦和第一女子	538人
9位	県立浦和	536人
10位	川越南	495人

ご提案型の教育旅行会社って？

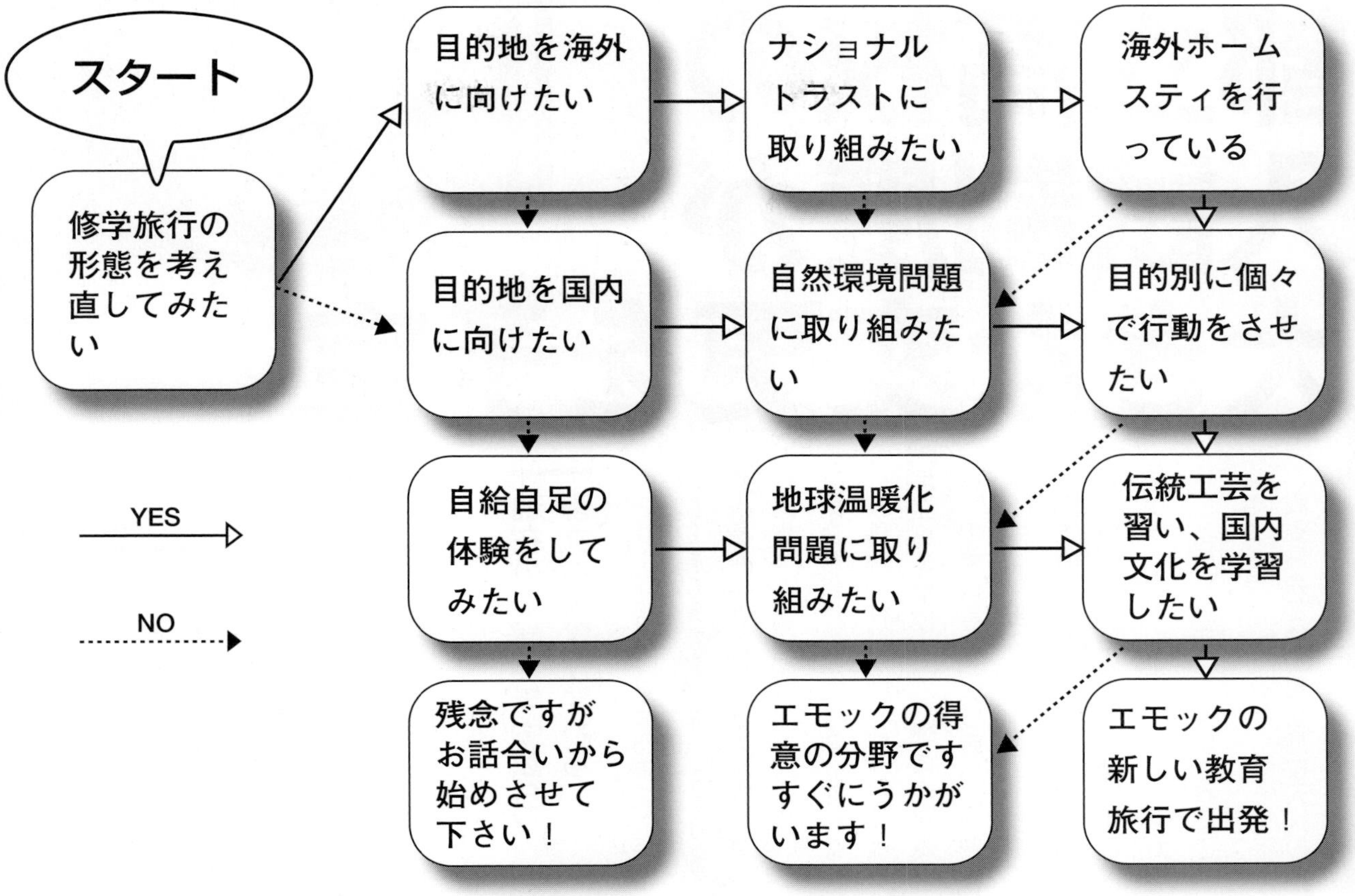
スタート
修学旅行の形態を考え直してみたい
目的地を海外に向けたい
ナショナルトラストに取り組みたい
海外ホームスティを行っている
目的地を国内に向けたい
自然環境問題に取り組みたい
目的別に個々で行動をさせたい
自給自足の体験をしてみたい
地球温暖化問題に取り組みたい
伝統工芸を習い、国内文化を学習したい
YES
NO
残念ですがお話合いから始めさせて下さい！
エモックの得意の分野ですすぐにうかがいます！
エモックの新しい教育旅行で出発！

従来の名所旧跡を訪ねる修学旅行から、最近ではさまざまなテーマを生徒個々または小グループごとにコンセプトメークしひとつの社会貢献の一環として、位置づける学習旅行へと形態移行しつつあります。

小社では国内及び海外の各種特殊業界視察旅行を長年の経験と実績で培い、これらのノウハウを学校教育の現場で取り入れていただき、保護者、先生、生徒と一体化した旅行づくりを行っております。

一例

- ●海、山、川の動物、小動物の生態系研究
- ●春の田植えと秋の収穫体験、自給自足のキャンプ
- ●生ごみ処理、生活廃水、産業廃棄物、地球温暖化などの環境問題研究
- ●ナショナルトラスト（環境保全施設、自然環境、道の駅、ウォーキング）
- ●語学研修（ホームスティ、ドミトリー、チューター付研修）など

[取扱旅行代理店]　**（株）エモック・エンタープライズ**

担当：山本／半田

国土交通大臣登録旅行業第1144号
東京都港区西新橋1-19-3　第２双葉ビル２階
E-mail:amok-enterprise@amok.co.jp

日本旅行業協会正会員（JATA）
☎ 03-3507-9777（代）
URL:http://www.amok.co.jp/

都立高校の入試制度が大きな変更を予定

このページは、これから高校入試に挑もうとする受験生とその保護者が知っておいて得する「高校入試の基礎知識」を扱うコーナーで、そのときどきの話題を追いながらお伝えしていきます。今回はいま中学2年生のみなさんが受検する都立高校入試が、その入試制度を大きく変更する話題です。

現在の中学2年生から都立の入試が変わる

2016年度（平成28年度）からの都立高校入学者選抜（以下、入試）の改善策（おもに「学力検査に基づく選抜」）が発表されています。

東京都教育委員会は都立高校入試の改善策の検討を重ねてきた「東京都立高等学校入学者選抜検討委員会」の報告書を公表しました。現段階では「報告書」にすぎませんが、この方針に基づいて進行されるはずで、現在の中学2年生が受検する入試から、大きく変更された「学力検査に基づく選抜」が実施されることになります。

同委員会では、都立高校入試の現状と課題を検証、中・長期的な視点から制度の改善策を半年以上にわたって検討してきました。最終報告となる今回から、委員に外部有識者や保護者代表を加えて、その意見を聞きながらまとめました。

現行制度に対しては、成果として「各校の特色ある教育課程に応じた入試を実現できた」とする一方、「制度が複雑化し、受検者、保護者、中学校にとってわかりにくい」という課題をあげています。

今後に向けて「中学校で身につけるべき力を評価し、選抜する」という選抜の基本的な考え方を明確にするとともに、「共通化・簡素化を図り受検者にとってわかりやすい制度」への改善をめざしての最終報告となりました。

すでに「推薦に基づく選抜」については、2013年度（平成25年度）から集団討論を導入するなど改善され実施されていますが、その推薦入試についても、「調査書と面接が主で、小論文・作文や実技検査を実施する学校は少数」「ほぼ調査書点によって合否が決まっている」などの課題を指摘し、推薦入試の意義などが改めて示されています。

今後の取り組みとして、推薦入試で入学した生徒に対する学力や進路状況などの追跡調査の実施、評価の信頼性を維持するため評価観点の公表などを盛りこんでいます。

実技4教科の重要性増す「特別選考」は廃止へ

さて、2016年度入試から実施される「学力検査に基づく選抜」（第

一次募集・分割前期募集／全日制）のおもな変更点は次のとおりとなっています。

◇

①学力検査の実施教科を5教科（国語、数学、英語、社会、理科）とする（第二次では国語、数学、英語の3教科）。

②学力検査と調査書の比率は、7：3と設定する（第二次では6：4）。

③換算内申の計算において、実技4教科（音楽、美術、保健体育、技術・家庭）の調査書素点の評定を2倍にする。

④「特別選考」は、廃止する。

◇

①については、学力検査で実施する教科などの共通化を進めるものです。全日制の第一次・分割前期では5教科（国語、数学、英語、社会、理科）、全日制の第二次・分割後期では3教科（国語、数学、英語）の学力検査を実施します。現行では実施教科は各校の判断に委ねられていました。

②についても現行では、各校がその比率を選んでいましたが共通化されます。

③では、これまで5教科が調査書の素点そのままであるのに対して、実技4教科は調査書点を1・3倍して計算していましたが、新制度では2倍になります。これは中学校の学習が学力検査のある5教科に偏り、実技4教科を軽視することのないようにするため、と説明されています。

このことによって、これまでの調査書では換算内申の計算は「5教科×5（25点）＋実技4教科×5×1・3（26点）」の51点満点でした。新制度では「5教科×5（25点）＋実技4教科×5×2（40点）」の65点満点になります。

④でいう「特別選考」とは、その学校の特色を活かせる選考を実施して、定員の1～2割を選抜してよい、というものでしたが、近年、上位校では「学力検査のみ」で特別選考する学校が多くなっていました。調査書と学力検査の両方で選抜する入試である「学力検査に基づく選抜」の趣旨に反するのでは、という意見が多く、廃止に向かいました。

そのほかについては、「分割募集」は継続実施。「傾斜配点」は特別な教育課程を実施している学校については、例外的に実施するとしています。また、「男女別定員制」と「男女別定員制の緩和」については、現状の分析、受検者の動向などを踏まえて、今後も継続して検討するとしています。

端的にまとめると、中学校での内申（とくに実技教科）重視、人物重視の方向に進んだと見ることができます。現在の中学2年生は、大学入試においても、センター試験の廃止・面接などを通じて人物重視の方向に進むことになっていますから、それを先取りした形ということもできます。

とくに③の実技4教科の換算と、④の特別選考の廃止は受検生にとっては大きな変化ですので注目し、自分にとっては有利なのか、不利なのかを、よく考えておく必要があります。

◇

③の実技4教科の調査書の素点を2倍するという点について考えてみると、65点満点のうち実技4教科の内申がじつに40点を占めるのです。実技が苦手という生徒は現行の制度より不利となります。

④の特別選考廃止では、内申は悪いが、学力検査で一発勝負と考えていた生徒にはショックでしょう。

都立高の快進撃も ストップの可能性が

また、④の「特別選考」の廃止は、現在の都立高校のスタンスを揺るがす大きな問題をはらんでいます。これまで特別選考によって優秀な学力の生徒を集めてきた進学指導重点校などの上位校の関係者は大きなショックを受けています。学力を維持できなくなるのでは、という不安がよぎるからです。

この変更によって、これまで10年以上かけて進んできた都立高校の復権、大学の進学実績の劇的上昇も、ここで足踏みに転じ、勢いが止まってしまうのではないでしょうか。その心配は2年後から、おそらく現実のものとなるでしょう。

◇

さて、今回お話ししたことは、今後、東京都教育委員会でリーフレット等が作成され、中学校を通じて配付される予定ですので、情報に敏感になりましょう。

現段階での詳しい情報は、東京都教育委員会のホームページから、「報道発表資料」の「（1月23日）東京都立高等学校入学者選抜検討委員会報告書について」→「東京都立高等学校入学者選抜検討委員会報告書について」「東京都立高等学校入学者選抜検討委員会報告書」をご覧ください。

４月号の答えと解説

問題　論理パズル

　Ａ君、Ｂ君、Ｃ君、Ｄ君、Ｅ君の５人が100m競争をしました。その順位について、各自に聞いたところ、次のように答えました。

Ａ君「ぼくは４着で、Ｃ君は１着だった。」
Ｂ君「ぼくは１着で、Ｅ君は３着だった。」
Ｃ君「ぼくは４着で、Ｂ君は２着だった。」
Ｄ君「ぼくは３着で、Ａ君は５着だった。」
Ｅ君「ぼくは２着で、Ｄ君は４着だった。」

　この５人の発言が、いずれも半分は本当のことで、半分はウソであったとすると、下のア～オのうち正しいのはどれでしょう。ただし、同順位はありませんでした。

ア　１着はＢである。
イ　２着はＥである。
ウ　３着はＤである。
エ　４着はＣである。
オ　５着はＡである。

解答　オ

解説

　５人の発言を整理すると下の表のようになるので、この表をもとにＡの発言に注目して、（ア）と（イ）の場合に分けて考えてみましょう。

		順位				
		1	2	3	4	5
発言者	A	C(イ)			A(ア)	
	B	B(ア)		E(イ)		
	C		B(イ)		C(ア)	
	D			D(ア)		A(イ)
	E		E(ア)		D(イ)	

（ア）
Ａの発言の前半が本当で、後半がウソの場合
　Ａが４着だから、Ｃの発言の前半とＥの発言の後半がウソになる。すると表より、ＢもＥも２着ということになり、矛盾が起きます。よって、この場合はありません。

（イ）
Ａの発言の前半がウソで、後半が本当の場合
　Ｃが１着だから、Ｂの発言の後半よりＥが３着。また、Ｃの発言の後半よりＢが２着。よって、Ｅの発言の後半よりＤが４着。すると、Ｄの発言の後半よりＡが５着。これを整理すると、１着はＣ、２着はＢ、３着はＥ、４着はＤ、５着はＡに決まり、これらの順位に対して、だれの発言とも矛盾はありません。

　以上のことから、正しい選択肢は**オ**ということになります。

中学生のための

学習パズル

今月号の問題

英語パズル

①～⑩の英文の説明（末尾の数字はその単語の文字数を表しています）に合う単語はなんでしょう？

それぞれの単語を右のパズル面から探し出して、例のように１つずつブロック分けしてください。単語はすべてタテ・ヨコにつながっています。全部のブロック分けが終わったら、マス目に残る５個の文字を組み合わせてできる、身体の部分を表す単語を答えてください。

① 【例】The fourth month of the year, between March and May（5）
② The season between winter and summer when plants begin to grow（6）
③ A place where planes land and take off and that has buildings for passengers to wait in（7）
④ A piece of land that is completely surrounded by water（6）
⑤ A child of your aunt or uncle（6）
⑥ A tool with a handle and a heavy metal head, used for breaking things or hitting nails（6）
⑦ A sea creature with a soft round body and eight long arms, that is sometimes used for food（7）
⑧ A room in which meals are cooked or prepared（7）
⑨ A black and yellow flying insect that can sting（3）
⑩ An animal with a long neck and one or two humps on its back, used in desert countries for riding on or for carrying goods（5）

P	R	I	L	P	O	T
A	N	O	S	U	O	C
H	E	B	E	C	W	L
C	N	I	E	A	M	E
T	E	S	C	M	A	H
I	K	U	O	M	A	L
R	P	S	R	E	I	T
I	D	N	B	I	R	R
N	G	A	L	S	P	O

４月号学習パズル当選者

全正解者33名

関根　寛倫さん（埼玉県鴻巣市・中３）
上岡　瑞樹さん（東京都足立区・中２）
多和田賢太さん（東京都荒川区・中２）

応募方法

●必須記入事項

01　クイズの答え
02　住所
03　氏名（フリガナ）
04　学年
05　年齢
06　右のアンケート解答
「デュフィ展」「軍師官兵衛展」（詳細は73ページ）の招待券をご希望の方は、「○○招待券希望」と明記してください。

◎すべての項目にお答えのうえ、ご応募ください。
◎ハガキ・ＦＡＸ・e-mailのいずれかでご応募ください。
◎正解者のなかから抽選で３名の方に図書カードをプレゼントいたします。
◎当選者の発表は本誌2014年８月号誌上の予定です。

●下記のアンケートにお答えください。

A今月号でおもしろかった記事とその理由
B今後、特集してほしい企画
C今後、取り上げてほしい高校など
Dその他、本誌をお読みになっての感想

◆**2014年6月15日**（当日消印有効）

◆**あて先**
〒101-0047　東京都千代田区内神田2-4-2
グローバル教育出版　サクセス編集室
FAX：03-5939-6014
e-mail:success15@g-ap.com

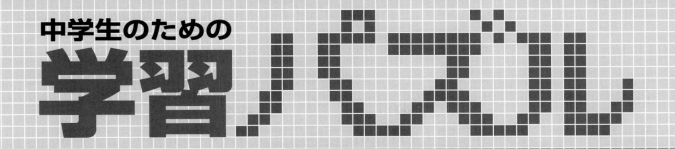

東邦《とうほう》大学《だいがく》付属《ふぞく》東邦《とうほう》高等学校

問題

A，B，Cの３人は地点Pを同時に出発し，地点Qまでの一本の道路を次のように動きました。

まず，Aは車で，Bは徒歩で，CはAの運転する車に乗って，それぞれ地点Qへ向かいました。AとCの乗った車がx時間走ったあと，Cは車を降りて徒歩で地点Qへ向かい，Aは車で地点Pの方向へ向かいました。Aだけが乗った車は，地点Pへy時間走ったところでBに会いました。ここで，AはBを車に乗せ，地点Qへ向かいました。Cが徒歩で地点Qに到着したのと同時に，AとBも車で地点Qに到着しました。

車の走る速さと人の歩く速さは一定とし，車の乗り降りにかかる時間は考えないものとして，次の問いに答えなさい。

(1) Bの歩く速さは毎時５kmでした。このとき，Bが歩いた距離をx，yを用いて表しなさい。

(2) 車の走る速さは毎時45kmで，BおよびCの歩く速さは毎時５kmでした。このとき，x：yを最も簡単な整数の比で表しなさい。

(3) (2) のとき，地点Pと地点Qを結ぶ道路の長さは27kmでした。このとき，３人が地点Qに到着したのは，地点Pを出発してから何時間後ですか。

東邦大学付属東邦高等学校の解答は「サクセス15」編集部で作成いたしました。

解答 (1) $5(x+y)$ km　(2) $x:y=5:4$　(3) 1.4時間

- 千葉県習志野市泉町2-1-37
- 京成線「京成大久保駅」徒歩10分、JR総武線「津田沼駅」バス
- 047-472-8191
- http://www.tohojh.toho-u.ac.jp/

学校見学会　要予約

すべて10：00～11：30
７月26日（土）
８月30日（土）
11月15日（土）

入試説明会　要予約

10月25日（土）
10：00～11：10／14：00～15：10

文化祭

９月13日（土）
９月14日（日）

法政《ほうせい》大学《だいがく》高等学校

問題

同じ大きさの赤と黒の正方形のタイルがある。このタイルを長方形の床に下の図のように敷きつめた。外側の部分は黒タイルを１列，内側の部分は赤タイルを縦にx枚，横に（$x+5$）枚使い，赤と黒あわせて全部で150枚使った。

このとき，次の問いに答えなさい。

(1) 黒タイルの枚数をxを用いて表しなさい。

(2) 赤タイルの枚数を求めなさい。

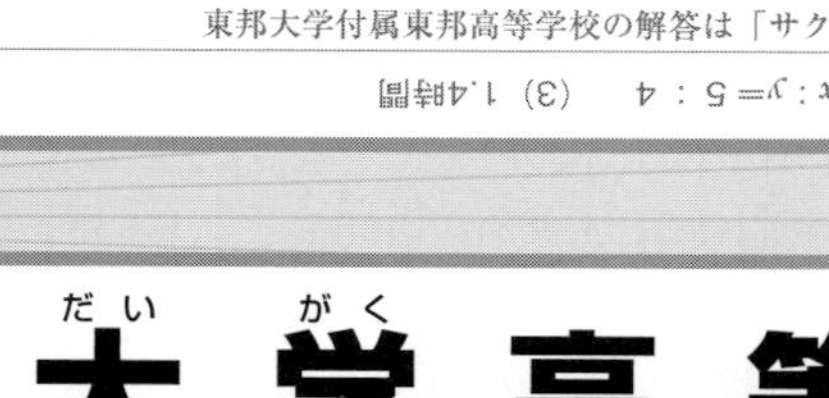

解答 (1) （$4x+14$）枚　(2) 104枚

- 東京都三鷹市牟礼4-3-1
- 京王井の頭線「井の頭公園駅」徒歩12分、JR中央線「吉祥寺駅」徒歩20分、JR中央線「三鷹駅」・京王井の頭線「久我山駅」・京王線「調布駅」バス
- 0422-79-6230
- http://www.hosei.ed.jp/

学校説明会

10月11日（土）14：30
11月15日（土）13：20／15：30
11月29日（土）13：20／15：30

入試日程

推薦　１月22日（木）
一般　２月10日（火）

大《おお》宮《みや》開《かい》成《せい》高等学校

■ 埼玉県さいたま市大宮区堀の内町1-615
■ JR宇都宮線・川越線・京浜東北線・埼京線・高崎線、東武野田線、湘南新宿ライン「大宮駅」バス
■ 048-641-7161
■ http://www.omiyakaisei.jp/

入試説明会

8月2日（土）　10：00／13：30
10月11日（土）　13：30
11月8日（土）　13：30
11月23日（日）　13：30
12月6日（土）　13：30

オープンスクール　要予約

8月30日（土）　9：00
9月13日（土）　13：30

高校文化祭　入試相談可

10月25日（土）・26日（日）10：00

個別相談会・学校見学会

10月18日（土）より開始、計16回

問題

図のように，点A（－２，１）を通る放物線$y=ax^2$と，x軸に平行な直線ℓが２点B，Cで交わっている。ただし，点Bのx座標は正とする。BC＝12であるとき，次の①～⑧にあてはまる数字を答えなさい。

(1) 点Bの座標は，（①，②）である。

(2) 四角形OBCAの面積は，③④である。

(3) 点Aを通り，直線OBに平行な直線と直線ℓとの交点をDとする。直線OB上にx座標が負である点Eをとり，△ABCと△CEDの面積が等しくなるようにする。このとき，点Eの座標は，（$-\frac{⑤}{⑥}$，$-\frac{⑦}{⑧}$）である。

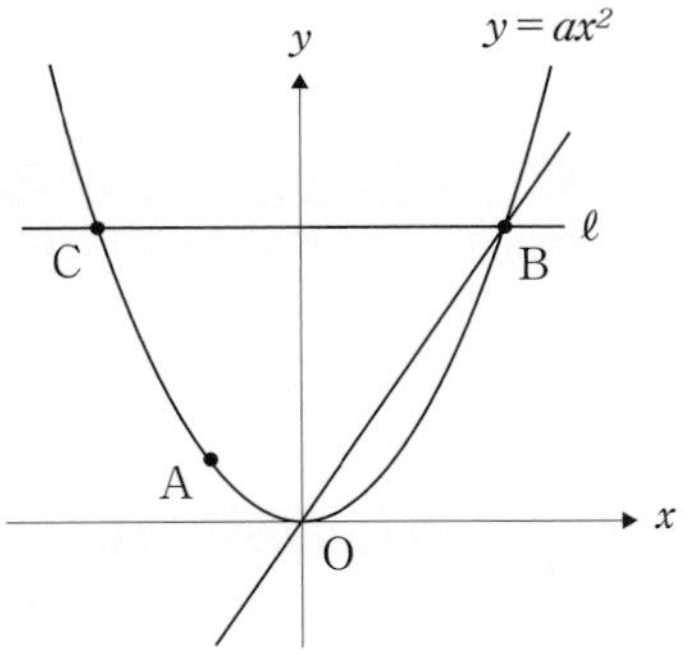

解答　①6　②9　③6　④0　⑤6　⑥7　⑦9　⑧7

拓《たく》殖《しょく》大《だい》学《がく》第《だい》一《いち》高等学校

■ 東京都武蔵村山市大南4-64-5
■ 西武拝島線・多摩都市モノレール「玉川上水駅」徒歩３分
■ 042-590-3311
■ http://www.takuichi.ed.jp/

オープンキャンパス

7月26日（土）　14：30～16：30
※来校は16：00まで

ミニ学校見学会　要予約

夏期休暇中の平日　10：30／13：30

学校説明会

10月18日（土）　10：00
11月8日（土）　14：00
11月22日（土）　14：00
11月29日（土）　14：00

文化祭

9月14日（日）・15日（月・祝）
10：00～15：00
※来校は14：30まで

問題

図のように，２つの円Oと円Pは∠BAC＝60°となる２直線AB，ACに接し，２つの円Oと円Pも接している。円Oと円Pの中心を直径の両端とする円をQとし，円Oと円Qの交点をそれぞれS，Tとする。円Oの半径を６とするとき，次の各問に答えよ。

(1) 円Pと円Qの半径をそれぞれ求めよ。

(2) 円Qの中心から線分OSに引いた垂線の長さを求めよ。

(3) 線分STの長さを求めよ。

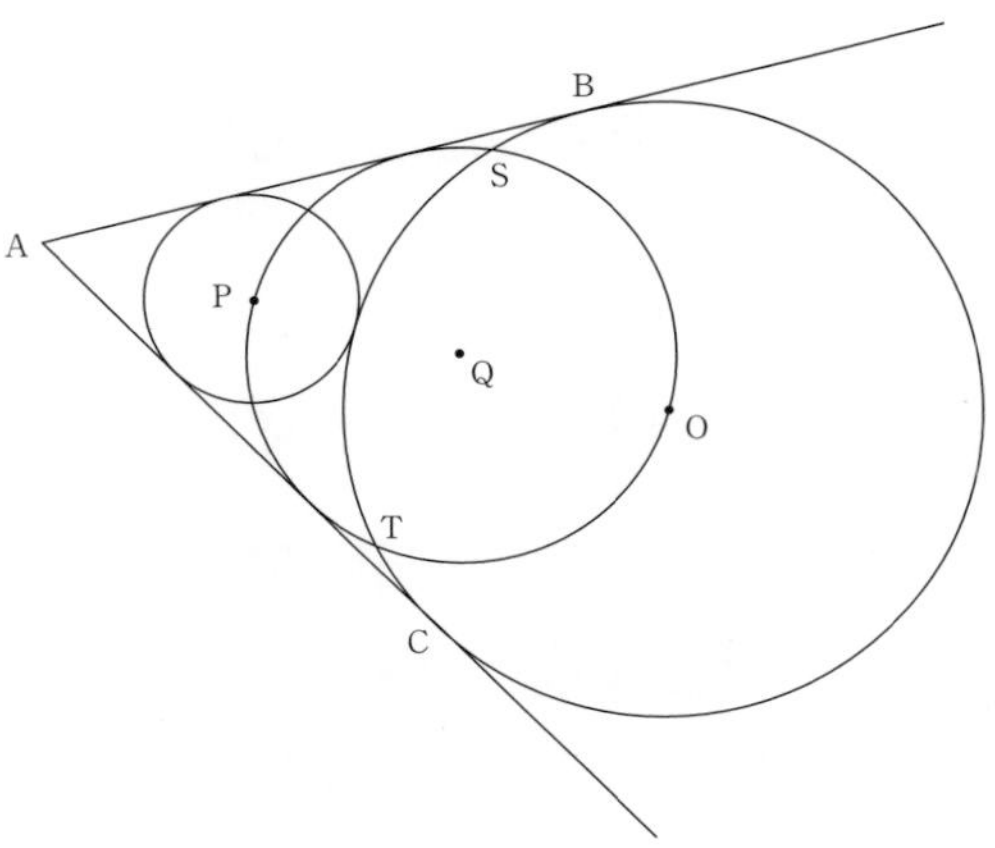

解答　(1) 円P：2　円Q：4　(2) $\sqrt{7}$　(3) $3\sqrt{7}$

お便りコーナー

サクセス広場

いま一番知りたいこと

1年後、自分は無事に**志望校に入学**しているかどうか。
(中3・小心で傷心さん)

昨日おでんを食べてて思ったんですけど、**なんでちくわには穴があいてる**んですかね。気になり始めたらずっと気になっちゃって、ほかの具よりもちくわばっかり食べてました！
(中2・ちくわぶさん)

STAP細胞ってホントに作れるの？
(中2・大保方さん)

背を伸ばす方法! 周りがどんどん伸びているのに自分だけ･･･。
(中2・ちびっこさん)

ネットに小説やイラストをあげているのですが、なかなか続きが書けません。**どうしたら長続きするの**でしょう。
(中2・燐@腐女子デスガナニカさん)

最近宇宙関連の話題に興味があるので、**「ブラックホールの奥はどうなっているのか」**ということです。入ってみたいけど、入ったら出てくることができないので、なかなか解明されない謎ですよね…。
(中1・宇宙旅行さん)

ほろっときた話

デパートで迷子になった子どもを見つけたお母さんが、泣いて怒りながら、でも**優しく抱きしめている**のを見て、事情はまったくわかりませんが、泣けました。
(中2・迷子の子ネコさん)

お姉ちゃんの結婚式、幸せそうでほろっときちゃいました。でも父と母は号泣してたので、ほろっとどころじゃなさそうでした（笑）。
(中3・M.Mさん)

大好きだった先生が**違う学校に行ってしまいました…**。もう先生の授業が聞けないかと思うと…離任式でほろっとしてしまいました。
(中2・金七先生さん)

もともと涙もろいんですが、飼っている**グッピーに赤ちゃんが産まれ**たことに感動して泣いたのには自分でも驚きました。
(中3・N.Kさん)

ソフトクリームを買って食べようとしたら**つまずいて落としてしまった**んです。すごく悲しくてほろっときたんですけど、お店の人が新しいのを作ってくれて、その優しさにまたほろっとしました。
(中3・夕張メロンさん)

地元自慢！

イチョウ並木がキレイなこと。秋になるととてもキレイです。
(中1・メカクシ団)

東京ディズニーランドの近くなので、毎日花火の音が聞こえます！家のなかは夢の国ではないんですけどね…。
(中1・ミッキーさん)

海が近い。イヤなことも海に行けば忘れられる。
(中1・海は広いんだ本当にさん)

私の地元では、**三社祭**が開催されるんです。毎年すっごく盛りあがって熱いお祭りなので、自慢です！
(中1・祭さん)

ネコがとっても多い。癒されます。
(中3・ネコ好きな犬顔)

ふなっしー! 最初は変だと思っていましたが、だんだんかわいく思えてきてすっかりハマりました。
(中2・ふなっしー大好きさん)

必須記入事項

A／テーマ、その理由　B／住所　C／氏名
D／学年　E／ご意見、ご感想など

ハガキ、FAX、メールを下記までどしどしお寄せください!
住所・氏名は正しく書いてください!!
ペンネームは氏名のうしろに(　)で書いてネ!
【例】サク山太郎(サクちゃん)

あて先

〒101-0047　東京都千代田区内神田2-4-2
グローバル教育出版　サクセス編集室
FAX:03-5939-6014
e-mail:success15@g-ap.com

募集中のテーマ

「この世からなくなったら困るもの」

「夏の楽しみ」

「好きなスポーツ」

応募〆切 2014年6月15日

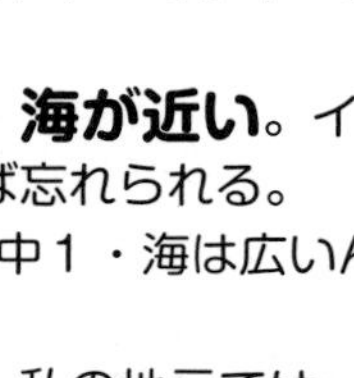

ケータイから上のQRコードを読み取り、
メールすることもできます。

掲載されたかたには
抽選で図書カードをお届けします!

Art

デュフィ展

6月7日（土）〜7月27日（日）
Bunkamura ザ・ミュージアム

ラウル・デュフィ《クロード・ドビュッシーへのオマージュ》 1952年 油彩、カンヴァス アンドレ・マルロー近代美術館、ル・アーヴル ©Florian Kleinefenn

「デュフィ展」の招待券を5組10名様にプレゼントします。応募方法は69ページを参照。

絵筆が奏でる 色彩のメロディー

ラウル・デュフィという人物を知っているかな。ピカソやマティスらとともに、20世紀前半のフランスで活躍した画家だ。彼の作品の特徴は、明るい色彩と軽快な筆さばきで描く独特のスタイルで､いまも多くの人々を魅了している。今回の展覧会は、デュフィの代表作をはじめ、油彩、素描、版画、テキスタイル、服飾、陶器、家具など、多彩な作品による充実の回顧展となっている。

Exhibition

ボールはともだち。キャプテン翼展

6月14日（土）〜7月6日（日）
上野の森美術館

©高橋陽一／『ボールはともだち。キャプテン翼展』実行委員会

大人気サッカー漫画 『キャプテン翼』の展覧会

国内のみならず、海外にも多くのファンを持つサッカー漫画『キャプテン翼』の展覧会が開かれる。原作者・高橋陽一の描きおろし巨大イラストや名シーンを紹介する原画コーナーをはじめ、漫画の舞台となる南葛市を再現したジオラマ、体感型サッカーアトラクション、有名サッカー選手のコメント映像コーナーなど盛りだくさんの内容だ。主人公・大空翼の等身大フィギュアもあるので、写真撮影も楽しめるよ。

Exhibition

2014年NHK大河ドラマ特別展「軍師官兵衛」

5月27日（火）〜7月13日（日）
江戸東京博物館

【金瓢箪頭立蟹爪脇立六十二間星兜】 桃山時代 個人蔵（会期中に展示品の入れ替えがあります）

「軍師官兵衛」の招待券を5組10名様にプレゼントします。応募方法は69ページを参照。

稀代の天才軍師 黒田官兵衛を知る

今年のNHK大河ドラマで取り上げられたことで注目の集まっている黒田官兵衛。戦国時代末期に、織田信長、豊臣秀吉、徳川家康という歴史の授業でもおなじみの重要人物たちに重用されながら、その才能ゆえに恐れられもした天才軍師だ。この展覧会では、黒田官兵衛ゆかりの品などを紹介。歴史好きはもちろん、大河ドラマを見て興味を持ったという人もこれを機に官兵衛の生きた時代に思いを馳せてみよう。

サクセス イベントスケジュール 5月〜6月

世間で注目のイベントを紹介

6月に結婚式をあげる花嫁さんのことを「ジューン・ブライド」と呼ぶね。直訳すると「6月の花嫁」。英語で6月を意味するJuneはローマ神話で結婚生活の守護神であるユノ（Juno）から取られていることから、この月に結婚する花嫁さんは幸せになると言われているんだ。

Art

クールな男とおしゃれな女 ―絵の中のよそおい

5月17日（土）〜7月13日（日）
山種美術館

上村松園《春のよそをひ》 1936（昭和11）年頃 絹本・彩色 山種美術館 会期中、一部展示替あり

絵画に描かれた ファッションに注目

日本の絵画のなかに描かれたファッション＝「よそおい」にスポットをあてた展覧会が山種美術館で開かれる。江戸絵画や浮世絵に見られる粋なよそおいから、近現代に描かれたモダンなよそおいまで、時代とともに変遷し、流行を敏感に映し出したスタイリッシュな男女の着こなしを、東洲斎写楽、小林古径、喜多川歌麿、上村松園、伊東深水など、さまざまな画家の作品を通して見ることができる。

Event

第5回東京蚤《のみ》の市《いち》

5月17日（土）・5月18日（日）
東京オーヴァル京王閣

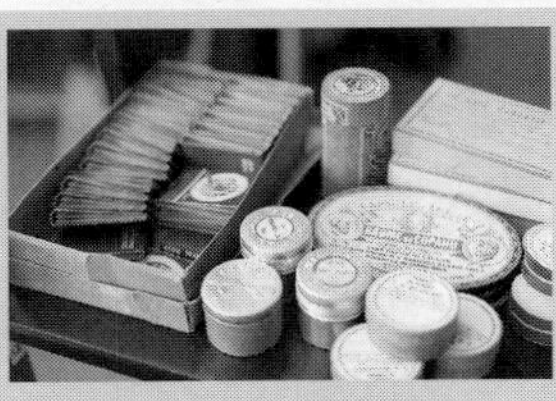

“古くて、美しい” 自分だけの宝物を探そう

新しいものも素敵だけど、時間の流れが感じられるような使いこまれた様子のある古いものも魅力的だ。今回で第５回目となる東京蚤の市では、“古くて、美しい”さまざまなものと出会うことができる。アンティーク雑貨や古道具の販売以外にも、色々なワークショップや音楽ステージなど楽しい企画が色々と用意されているので、新緑のさわやかな季節のお出かけにはぴったり。自分だけの宝物を探しに出かけてみよう。

Art

『木梨憲武展×20years』INSPIRATION-瞬間の好奇心

5月20日（火）〜6月8日（日）
上野の森美術館

輝／2011年 ©NORITAKE KINASHI

見るものを元気にする「木梨ワールド」を体感！

人気タレントの木梨憲武がアーティストとして精力的に制作を続けているのをご存じだろうか。創作を始めたのは1994年からで、これまでになんと７回も個展を開催しているんだ。「描きたいものを自由に描く」という木梨の創作スタイルにより生み出された大胆な色遣いと構図の作品は、見る人を元気にしてくれる。約300点もの作品が展示される今回の展覧会、気になった人はぜひ行ってみてほしい。

～サクセス18のご紹介～

サクセス18は早稲田アカデミーが創った現役生難関大学受験専門塾です。

早稲田 232名合格

慶應 145名合格

上智 153名合格

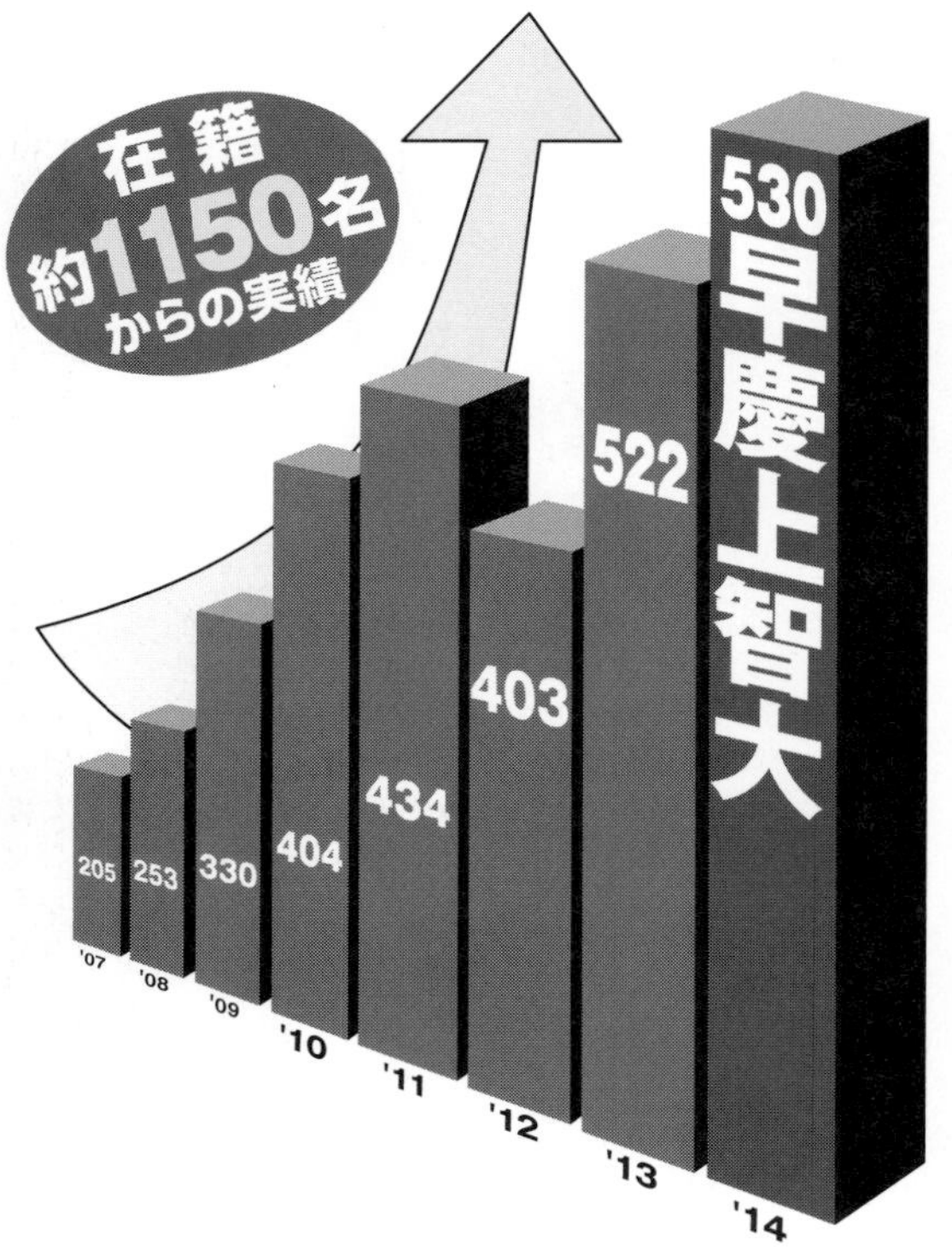

一橋大・東工大・東京外大・医科歯科大 28名合格

明治	青山	立教
143名合格	68名合格	99名合格

中央	学習院	法政	理科大
124名合格	29名合格	109名合格	83名合格

※合格者数は、早稲田アカデミー教育グループ（早稲田アカデミーサクセス 18・MYSTA・早稲田アカデミー個別進学館（直営４校舎のみ）の平常授業または特別クラス、夏期･冬期東大合宿に在籍し、授業に参加した生徒のみを対象に集計しています。模試のみを受験した生徒は、一切含んでおりません。

高３対象 日曜特訓

志望校別対策コース

東大必勝コース　一橋大必勝コース　東工大必勝コース　早慶大必勝コース　難関大必勝コース　**受付中**

エキスパート講師陣　少人数・学力別クラス　志望校別オリジナル教材　徹底した添削システム

[会場]▶ 東大必勝 御茶ノ水校　一橋大必勝 荻窪校　東工大必勝 渋谷校
早慶大必勝 池袋校・渋谷校・国分寺校　難関大必勝 池袋校・渋谷校・国分寺校

[料金]▶ 入塾金：10,800円（基本コース生は不要）
受講料：31,400円／ターム

池袋校	03-3986-7891	大泉学園校	03-5905-1911	調布校	042-482-0521	大宮校	048-641-4311
御茶ノ水校	03-5259-0361	荻窪校	03-3391-2011	新百合ヶ丘校	044-951-0511	所沢校	04-2926-2811
渋谷校	03-3406-6251	国分寺校	042-328-1941	宮崎台校	044-855-4481	志木校	048-476-4901

医歯薬専門予備校44年の伝統と実績

医学部完全合格68名!!

医歯薬大受験の全てがわかる1日

医歯薬大受験進学ガイダンス 6/15(日) 無料

（メディカルアカデミー）　時間▶13:00～17:00　場所▶東京グリーンパレス

体験授業 5/19(月)～24(土) 高1～高3 無料

医学部専門個別指導 Medical 1 メディカル・ワン

早稲田アカデミー教育グループ
医歯薬専門予備校
野田クルゼ
〈御茶ノ水〉

資料請求・お問い合わせ・各種お申し込みはお気軽にこちらへ

現役校 Tel 03-3233-6911(代)　Fax 03-3233-6922 受付時間 13:00～22:00

本　校 Tel 03-3233-7311(代)　Fax 03-3233-7312 受付時間 9:00～18:00

野田クルゼの最新情報はホームページでもご確認いただけます。 野田クルゼ 検索

“個別指導”だからできること ×“早稲アカ”だからできること

- 難関校にも対応できる
- 弱点を集中的に学習できる
- 最終授業が20時から受けられる
- 早稲アカのカリキュラムで学習できる

広がる早稲田アカデミー個別指導ネットワーク

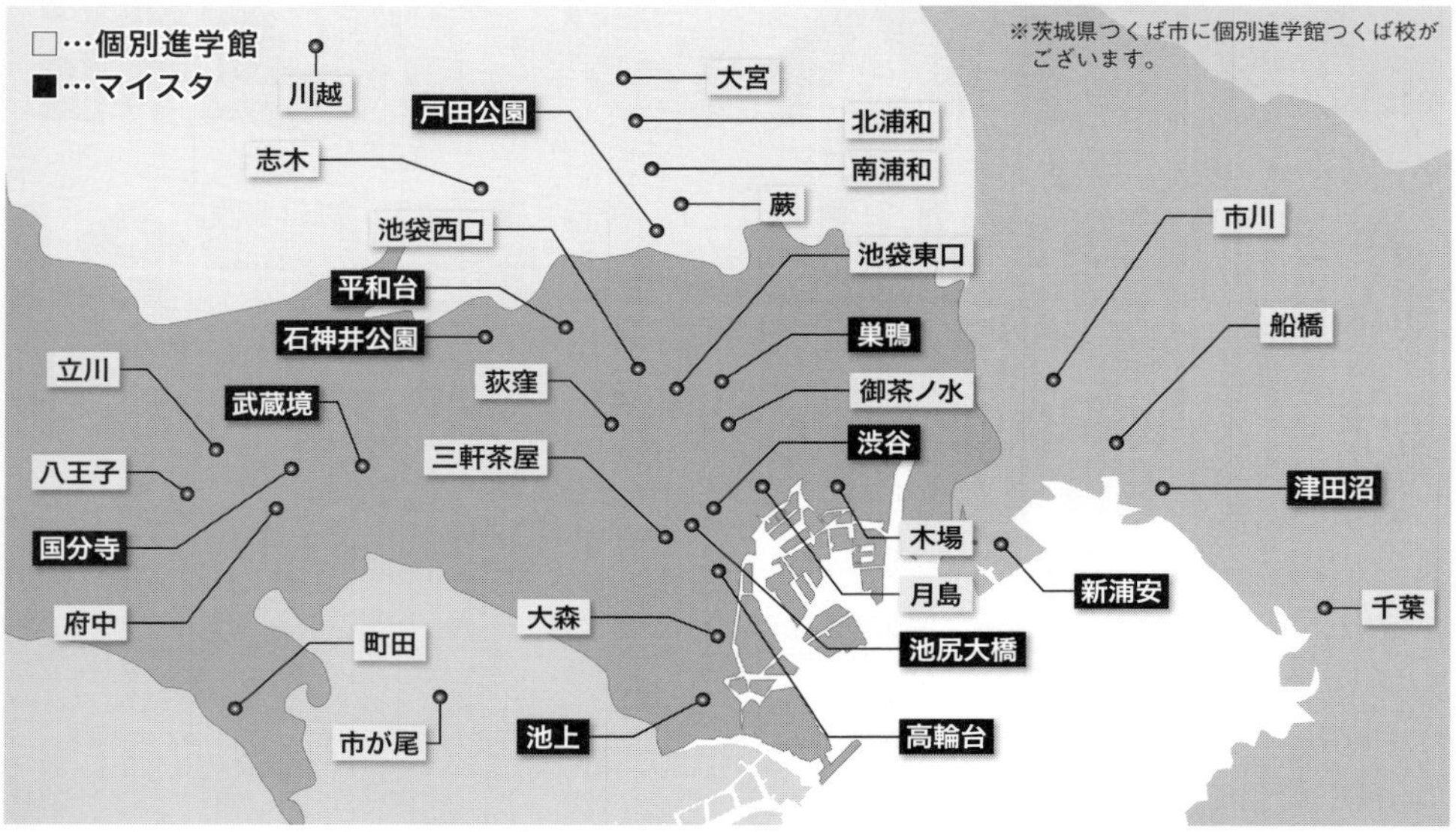

マイスタは2001年に池尻大橋教室・戸田公園教室の2校でスタートし、個別進学館は2010年の志木校の1校でスタートした、早稲田アカデミーの個別指導ブランドです。お子様の状況に応じて受講時間・受講科目が選べます。また、早稲田アカデミーの個別指導なので、集団授業と同内容を個別指導で受講することができます。マイスタは1授業80分で1:1または1:2の指導形式です。個別進学館は1授業90分で指導形式は1:2となっています。カリキュラムなどはお子様の学習状況、志望校などにより異なってきます。お気軽にお近くの教室・校舎にお問い合わせください。

悩んでいます…　中2

クラブチームに所属していて、近くの早稲アカに通いたいのに、曜日が合わない科目があります。

解決します!

早稲アカの個別指導では、集団校舎のカリキュラムに準拠した指導が受けられます。数学だけ曜日があわないのであれば、数学だけ個別で受講することも可能です。もちろん、3科目を個別指導で受講することもできます。

悩んでいます…　中3

いよいよ受験学年。中2の途中から英語が難しくなってきて、中3の学習内容が理解できるか心配です。

解決します!

個別指導はひとりひとりに合わせたカリキュラムを作成します。集団校舎で中3内容を、個別指導では中2内容を学習することも可能です。早稲田アカデミー集団校舎にお通いの場合は、担当と連携し、最適なカリキュラムを提案します。

悩んでいます…　中3

中2範囲の一次関数がとても苦手です。自分でやろうとしても分からないことだらけで…。

解決します!

個別指導では範囲を絞った学習も可能です。一次関数だけ、平方根だけなど、苦手な部分を集中的に学習することで理解を深めることができます。『説明を聞く→自分で解く』この繰り返しで、分かるをできるにかえていきます。

新規開校　早稲田アカデミー 個別進学館　**市が尾校・北浦和校・千葉校**　新入生受付中!

小・中・高 全学年対応／難関受験・個別指導・人材育成

早稲田アカデミー個別進学館

WASEDA ACADEMY KOBETSU SCHOOL

新入塾生 受付中!

お問い合わせ・お申し込みは最寄りの個別進学館各校舎までお気軽に!

池袋東口校 03-3971-1611	池袋西口校 03-5992-5901	御茶ノ水校 03-3259-8411	荻窪校 03-3220-0611
大森校 03-5746-3377	月島校 03-3531-3860	三軒茶屋校 03-5779-8678	木場校 03-6666-4222
町田校 042-720-4331	府中校 042-314-1222	八王子校 042-642-8867	立川校 042-548-0788
市が尾校 045-979-3368	大宮校 048-650-7225	北浦和校 048-822-6801	南浦和校 048-882-5721
蕨　校 048-444-3355	志木校 048-485-6520	川越校 049-277-5143	市川校 047-303-3739
船橋校 047-411-1099	千葉校 043-302-5811	つくば校 029-855-2660	

MYSTA 早稲田アカデミー 個別指導マイスタ

新入塾生 受付中!

お問い合わせ・お申し込みは最寄りのMYSTA各教室までお気軽に!

渋谷教室 03-3409-2311	池尻大橋教室 03-3485-8111	高輪台教室 03-3443-4781
池上教室 03-3751-2141	巣鴨教室 03-5394-2911	平和台教室 03-5399-0811
石神井公園教室 03-3997-9011	武蔵境教室 0422-33-6311	国分寺教室 042-328-6711
戸田公園教室 048-432-7651	新浦安教室 047-355-4711	津田沼教室 047-474-5021

Success15 Back Number

2014 5月号

先輩に聞く!!
難関校合格への軌跡
高校図書館&オススメ本
SCHOOL EXPRESS
お茶の水女子大学附属
Focus on
神奈川県立厚木

2014 4月号

勉強も部活動も頑張りたいキミに
両立のコツ、教えます
水族館・動物園などのガイドツアー
SCHOOL EXPRESS
慶應義塾
Focus on
東京都立駒場

2014 3月号

どんなことをしているの?
高校生の個人研究・卒業論文
理系知識を活かしたコンテスト
SCHOOL EXPRESS
東京学芸大学附属
Focus on
千葉県立船橋

2014 2月号

勉強から不安解消まで
先輩たちの受験直前体験談
合格祈願グッズ
SCHOOL EXPRESS
開成
Focus on
千葉県立千葉

2014 1月号

冬休みの勉強法
和田式ケアレスミス撃退法
直前期の健康維持法
SCHOOL EXPRESS
早稲田大学本庄高等学院
Focus on
埼玉県立大宮

2013 12月号

東京大学ってこんなところ
東大のいろは
「ゆる体操」でリラックス
SCHOOL EXPRESS
早稲田大学高等学院
Focus on
埼玉県立浦和第一女子

2013 11月号

教えて大学博士!
なりたい職業から学部を考える
学校カフェテリアへようこそ
SCHOOL EXPRESS
慶應義塾志木
Focus on
千葉県立東葛飾

2013 10月号

模試を有効活用して
合格を勝ち取る!
中1・中2 英・国・数
SCHOOL EXPRESS
桐朋
Focus on
神奈川県立川和

2013 9月号

SSHの魅力に迫る!
東京歴史探訪
SCHOOL EXPRESS
法政大学第二
Focus on
東京都立立川

2013 8月号

現役高校生に聞いた!
中3の夏休みの過ごし方
自由研究のススメ
SCHOOL EXPRESS
中央大学附属
Focus on
埼玉県立浦和

2013 7月号

学校を選ぼう
共学校・男子校・女子校のよさを教えます!
使ってナットク文房具
SCHOOL EXPRESS
栄東
Focus on
神奈川県立横浜翠嵐

2013 6月号

今年出た! 高校入試の
記述問題にチャレンジ
図書館で勉強しよう
SCHOOL EXPRESS
青山学院高等部
Focus on
東京都立国立

2013 5月号

難関校に合格した
先輩たちの金言
英語で読書
SCHOOL EXPRESS
山手学院
Focus on
東京都立戸山

2013 4月号

早大生、慶大生に聞いた
早稲田大学・慶應義塾大学
学校クイズ
SCHOOL EXPRESS
東邦大学付属東邦
Focus on
千葉市立千葉

2013 3月号

みんなの視野が広がる!
海外修学旅行特集
部屋を片づけ、頭もスッキリ
SCHOOL EXPRESS
早稲田実業学校
Focus on
東京都立日比谷

2013 2月号

これで安心
受験直前マニュアル
知っておきたい2013こんな年!
SCHOOL EXPRESS
城北埼玉
Focus on
神奈川県立横浜緑ヶ丘

2013 1月号

冬休みにやろう!
過去問活用術
お守りに関する深イイ話
SCHOOL EXPRESS
中央大学
Focus on
埼玉県立越谷北

サクセス15 バックナンバー 好評発売中!

How to order バックナンバーのお求めは

バックナンバーのご注文は電話・FAX・ホームページにてお受けしております。詳しくは80ページの「information」をご覧ください。

これより前のバックナンバーはホームページでご覧いただけます(http://success.waseda-ac.net/)

＜コーナー名＞

ア行
あたまをよくする健康…… 50
あれも日本語 これも日本語 …… 48
宇津城センセの受験よもやま話… 34
英語で話そう！…… 40

カ行
高校受験 ここが知りたいQ&A … 53
高校入試の基礎知識…… 66
公立CLOSE UP …… 62

サ行
サクセスイベントスケジュール… 73
サクセスシネマ…… 51
サクセス書評…… 52
サクセス広場…… 72
サクセスランキング…… 56
サクニュー!!…… 49
15歳の考現学 …… 58
私立INSIDE …… 60
私立高校の入試問題に挑戦…… 70
SCHOOL EXPRESS …… 18
School Navi …… 22
スリープマスターに聞く
快眠のススメ… 13
世界の先端技術…… 30
先輩に聞け！ 大学ナビゲーター 46

タ行
対策はいまから！
難関国立・私立校の入試問題分析2014 … 7
楽しみmath数学! DX …… 38
中学生のための学習パズル…… 68
東大手帖～東大生の楽しい毎日～ 16
東大入試突破への現国の習慣…… 36

ナ行
なんとなく得した気分になる話 …… 54

ハ行
バックナンバー…… 78
FOCUS ON 公立高校 …… 24

マ行
正尾佐の高校受験指南書…… 33
ミステリーハンターQの
歴男・歴女養成講座… 41
みんなの数学広場…… 42

ワ行
早稲田アカデミー主催・
2014高校入試報告会 … 6
和田式教育的指導 …… 28

＜本文中記事＞

ア行
伊奈学園総合高（県立）…… 64
稲毛高（市立）…… 63
浦和高（市立）…… 64
浦和高（県立）…… 64
浦和第一女子高（県立）…… 64
浦和西高（県立）…… 64
大宮北高（市立）…… 64
大宮高（県立）…… 63
大宮開成高…… 71
お茶の水女子大学附属高……6, 12

カ行
開成高…… 6, 8, 58
春日部高（県立）…… 24, 64
神奈川学園高…… 61
川越高（県立）…… 64
川越女子高（県立）…… 64
暁星国際高…… 61
公文国際学園高…… 61
慶應義塾高…… 9
慶應義塾女子高……6, 12
京華高……表2
京華商業高……表2
京華女子高……表2
啓明学園高…… 61
佼成学園女子高…… 61
小金高（県立）…… 62
国際基督教大学高（ICU）…… 61
国際高（都立）…… 57

サ行
品川女子学院高 …… 61
渋谷教育学園渋谷高 …… 61
渋谷教育学園幕張高 …… 11, 61
修徳高…… 23
順天高…… 61
昭和女子大学附属昭和高 …… 61
新宿高（都立）…… 38
スーパーグローバルハイスクール… 57, 60
青稜高…… 22

タ行
拓殖大学第一高…… 71
玉川学園高…… 61
千葉高（市立）…… 62
千葉高（県立）…… 62
千葉東高（県立）…… 62
中央大学高…… 44
筑波大学附属高…… 6, 10, 61
筑波大学附属駒場高…… 6, 9
東京外国語大…… 46
東京学芸大学附属高……6, 11
東京大…… 16, 27, 36, 42, 58
東京都市大学等々力高…… 63
桐朋高……表3
東邦大学付属東邦高…… 70
東北大…… 27
東洋英和女学院高…… 61
東洋大学附属牛久高…… 61
所沢北高（県立）…… 64
豊島岡女子学園高…… 18

ナ行
成田国際高（県立）…… 62

ハ行
ハーバード大…… 58
東葛飾高（県立）…… 62
日比谷高（都立）…… 38
富士見丘高…… 61
船橋高（県立）…… 62
法政大学高…… 70
法政大学女子高…… 61

マ行
松山高（県立）…… 64
茗溪学園高…… 61

ヤ行
薬園台高（県立）…… 62
八千代高（県立）…… 62

ラ行
立教新座高…… 61

ワ行
早稲田実業学校高…… 10
早稲田大学高等学院……8, 61
蕨高（県立）…… 64

Success15

6月号

編集後記

今月号の「サクセス15」はいかがでしたか。「快眠のススメ」特集では、睡眠のメカニズムについてご紹介しました。「勉強と睡眠なんて、関係あるの？」と思う方もいるかもしれませんが、難関高校合格者のお話を聞くと、「入試前に朝型に変えた」「睡眠時間は毎日しっかりと取っていた」「早起きして朝勉強をしていた」というように、それぞれ自分に合った方法で睡眠時間や起床時間を管理していたという意見が多く出てきます。受験には勉強をするだけでなく自己管理能力も必要だということがよく表れた例ではないでしょうか。「快眠のススメ」で得た知識をみなさんの毎日に役立てていただけることを願っています。（H）

Next Issue 7月号は…

Special 1

志望校の選び方

Special 2

日本全国なんでもベスト3

School Express

筑波大学附属高等学校

Focus on 公立高校

東京都立三田高等学校

※特集内容および掲載校は変更されることがあります

サクセス編集室お問い合わせ先

TEL 03-5939-7928
FAX 03-5939-6014

高校受験ガイドブック2014 6 サクセス15

発行 2014年5月15日 初版第一刷発行
発行所 株式会社グローバル教育出版
〒101-0047 東京都千代田区内神田2-4-2
TEL 03-3253-5944
FAX 03-3253-5945
http://success.waseda-ac.net
e-mail success15@g-ap.com
郵便振替 00130-3-779535
編集 サクセス編集室
編集協力 株式会社 早稲田アカデミー

Information

『サクセス15』は全国の書店にてお買い求めいただけますが、万が一、書店店頭に見当たらない場合は、書店にてご注文いただくか、弊社販売部、もしくはホームページ（左記）よりご注文ください。送料弊社負担にてお送りします。定期購読をご希望いただく場合も、上記と同様の方法でご連絡ください。

Opinion, Impression & etc

本誌をお読みになられてのご感想・ご意見・ご提言などがありましたら、ぜひ当編集室までお声をお寄せください。また、「こんな記事が読みたい」というご要望や、「こういうときはどうしたらいいの」といったご質問などもお待ちしております。今後の参考にさせていただきますので、よろしくお願いいたします。